TESTIMONIOS DE LECTORES

"*Sana tu familia* es un libro genial, sumamente claro y revelador. Se lee muy fácil y te hace entender que tienes el poder de sanarte a ti mismo, de transformar tus creencias limitantes y reconstruir tu percepción de la realidad, cambiando lo que tienes que cambiar, no porque el mundo cambie, sino porque cambia tu percepción de él. Es una puerta a tu subconsciente, una ventana a tu interior y la respuesta a muchas preguntas que quizás ni siquiera te has hecho todavía, pero que anhelas conocer. Espero pronto poder leer más libros de Magui Block."

FRANCISCO RODRÍGUEZ ARANA, consultor

• • •

"Quería devorármelo y no paré de leerlo hasta el final. Fue una experiencia transformadora porque pude integrar a mi familia y a mi linaje. Lo más poderoso fue reconectarme con mis abuelas, mis ancestros femeninos, y de ahí me vino una maravillosa oportunidad que cambió mi vida."

YOLANDA AMEZCUA, maestra de Yoga y Pilates

• • •

"*Sana tu familia* es una manera rápida, eficiente y amorosa de empezar a resolver tus asuntos, o los de los miembros de tu familia; un gran método que combina las técnicas más recientes en materia de salud mental, todo en un manual conciso y disponible para cualquiera que quiera sanarse a sí mismo y aquellos a quienes ama."

GABRIEL PASTOR, administrador

• • •

"Una increíble, didáctica y maravillosa herramienta. Magui escribe de manera fácil y accesible para que todos podamos enriquecernos y crecer como personas. Los cambios se sienten y la transformación mejoró mi vida. ¡Muchas gracias!"

RODRIGO BORJA, estudiante universitario

SANA TU FAMILIA

Maqui Block

SANA TU FAMILIA

Haz que el amor y la vida fluyan
de tus ancestros a ti y a tus hijos

alamah

Sana tu familia

Haz que el amor y la vida fluyan de tus ancestros a ti y a tus hijos

Primera edición: enero, 2020
Primera reimpresión: octubre, 2020

D. R. © 2020, Magui Block

D. R. © 2020, derechos de edición mundiales en lengua castellana:
Penguin Random House Grupo Editorial, S. A. de C. V.
Blvd. Miguel de Cervantes Saavedra núm. 301, 1er piso,
colonia Granada, alcaldía Miguel Hidalgo, C. P. 11520,
Ciudad de México

www.megustaleer.mx

D. R. © Penguin Random House, por el diseño de portada
D. R. © iStock, por la imagen de portada
D. R. © Paola García, por la ilustración de la página 34
D. R. © Verónica García, por la fotografía de la autora

ISBN: 978-607-318-737-4

Impreso en México – *Printed in Mexico*

El papel utilizado para la impresión de este libro ha sido fabricado a partir de madera procedente
de bosques y plantaciones gestionadas con los más altos estándares ambientales, garantizando
una explotación de los recursos sostenible con el medio ambiente y beneficiosa para las personas.

Penguin
Random House
Grupo Editorial

Para mis hijos, quienes me impulsan a seguir
encontrando maneras de tomar
lo mejor de mis ancestros y así pasárselo a ellos.

Índice

Prefacio

Vas caminando por la vida cargando pesadas maletas, llenas de herencias familiares invisibles ¡y ni siquiera sabes lo que llevas en ellas! Lo más grave es que tus hijos y tus nietos también cargarán esas mismas maletas, porque cada miembro de la familia las clona y además añade las propias. ¿Crees que para sanar lo que cargas de tu familia tienes que estar años en terapia y revisar a fondo cada historia dolorosa del pasado con un montón de *kleenex* a la mano? Muchos creen que entrar en sus asuntos familiares va a ser como abrir una caja de pandora, algo muy oscuro que se les saldrá de control y les generará mucho más sufrimiento que bienestar, por eso se resisten. Otros llevan años intentando resolver lo que les pasa, casi sin éxito, invirtiendo tiempo, dinero y muchas lágrimas, pero no tendría que ser así.

¿Te gustaría saber cómo liberarte a ti y a tus descendientes de las cargas familiares? En este libro te explico cómo hacerlo y te llevo de la mano para lograrlo. He resumido los aspectos esenciales de manera muy sencilla, a la vez que te comparto casos y experiencias personales para que vivas el proceso con humor y alegría.

Con el Método Magui Block® transformarás amorosamente lo que te pesa de tu familia, con la finalidad de que lo único que te llegue de ella sea aquello que te impulsa hacia la vida y a lograr tu mayor potencial.

Sin importar si eres un experto en el tema de ir a cursos de crecimiento personal y terapias o un principiante, este libro lo hice pensando en ti. Utilicé el conocimiento que he adquirido en más de 25 años de experiencia como psicoterapeuta, combinando las técnicas más avanzadas y poderosas en el Método Magui Block® para que disfrutes los beneficios de inmediato.

Mi enfoque contradice el pensamiento convencional, ya que liberar las cargas familiares puede ser muy rápido, fácil y divertido. ¿Te suena demasiado bueno para ser cierto? He aquí testimonios que he recibido de alumnos del método después de tomar alguno de mis seminarios:

- "El Método Magui Block® es práctico, rápido y efectivo."
- "Funciona maravillosa y mágicamente."
- "¡Magui nos lo hizo fácil!"
- "Me encantó su entrega, respeto y amor, y por supuesto la alegría. Me voy gratamente sorprendida por todas las herramientas que recibí. Lo recomiendo a todos los que están en un camino de despertar."
- "Bajé 27 kilos al usar este método y sin proponérmelo."
- "Es un maravilloso y atinado método y me pareció extraordinario el amor, la alegría y la entrega de Magui, su conocimiento y experiencia."
- "Amo este método porque va tan profundo, de una manera tan clara, y obtengo resultados efectivos que me hacen muy feliz."
- "¡Cada vez estoy más maravillada con este método!".
- "Disfruté aprender nuevas herramientas con humor y ligereza."

- "Soy nueva en esto y ver cómo llegas a la raíz del problema y encuentras la solución en tan poco tiempo me parece sorprendente."
- "Me voy feliz, tranquila de que me liberé de muchas cosas que me estorbaban y que desconocía."
- "El Método Magui Block® tiene un nivel de impecabilidad y claridad que es profundamente transformador y lo más importante es que te empodera."
- "Me encanta el Método Magui Block® porque es muy poderoso y completo."
- "Me di cuenta de muchos aspectos que me estaban atorando y ya tengo las herramientas para resolverlos."
- "Es un método que amorosamente muestra tus desórdenes y de la misma manera amorosa se sanan y te vuelves a ordenar."
- "No deja de sorprenderme lo profundo de la transformación."

En este libro te comparto la manera en la que funcionan los sistemas familiares, porque generalmente te enredas en dinámicas que te destruyen, además de cómo crear orden y armonía para que la energía de vida fluya desde tus ancestros hacia ti y así tú la puedas pasar a tus descendientes. Lo haré utilizando todos los recursos a mi alcance porque mi objetivo al escribirlo es muy ambicioso: sanar tu familia. Es por eso que está escrito de una manera especial, para que tu mente consciente esté concentrada en los temas teóricos y tu mente inconsciente se enfoque en sanarte. Esto sucede por la combinación de técnicas que utilizo a lo largo del libro, unidas a tu intención de sanar tu familia y a mi intención de ayudarte a lograrlo, gracias a los muchos años de entrenamiento y experiencia profesional con los que he sido bendecida. ¡Es como si fuera magia!

Las técnicas que utilizo incluyen conocimientos de varios maestros con los que he tenido la oportunidad de entrenarme. Todo lo que yo te doy lo he recibido de otros, añadiendo mi estilo personal y combinándolo a mi manera.

Pese a que existen técnicas tan amorosas y fáciles de usar, me parece triste que todavía haya familias que repitan las mismas historias en cada generación, haciéndose cada vez más pesadas y dolorosas. Y es que las herencias familiares invisibles son como bolas de nieve, a cada vuelta se hacen más grandes. Por este motivo considero urgente que este material salga a la luz y que muchas personas puedan beneficiarse. Empieza por ti mismo y sanarás a tu familia. ¡Comencemos!

Introducción

¿Qué quiere decir "sanar tu familia"? ¿Se refiere a sanar a los miembros de tu familia o a ti con relación a tu familia? ¿Es sanar a los demás, a toda tu familia o es sanarte a ti mismo?

Tú eres parte de tu familia, eres un miembro de la familia y, como tal, perteneces a ella. Eso se entiende claramente y no necesita mayor explicación. Lo que sí se necesita explicar es por qué tu familia es parte de ti: ¿cómo puede ser tu familia una parte de ti?

Eres mucho más de lo que te das cuenta que eres y una parte importante de ti mismo es tu familia. Tu familia forma parte de ti en tu historia y en la información que estaba desde el momento en que fuiste concebido. Tú empezaste a vivir en tu cuerpo al momento que se unió el óvulo de tu madre y el esperma de tu padre. En esas semillas iba la información de tu familia, desde la forma de tu cuerpo, hasta la manera en la que piensas. Esas semillas no sólo te dieron la vida, sino que te proporcionaron la información básica para sobrevivir y funcionar con todas las reglas del juego que les sirvieron a tus ancestros en el pasado.

Muchas personas todavía tienen dudas de esto. Creen que de sus padres heredan rasgos físicos, como el color de la piel o el tamaño de los ojos, pero no su manera de ser y de funcionar en el mundo. Consideran que estos aspectos son totalmente independientes de su familia. Sin embargo, en mi trabajo con personas que fueron criadas desde recién nacidos por familias adoptivas, he podido observar que tienen características en su manera de pensar y de actuar relacionadas con su familia biológica. ¿Cómo es esto posible si jamás tuvieron contacto con ellos?

¿Cuál es la conexión entre un hijo y sus padres biológicos si fue criado por padres adoptivos? ¿Por qué termina pareciéndose a miembros de la familia biológica en sus hábitos? ¿Por qué puede afectarte tanto lo que sucede y sucedió en tu familia de origen? Porque todos los miembros de una familia están conectados entre sí de manera invisible. Todos comparten un mismo legado y participan en él tomando y dando información. A este legado le llamo la *herencia familiar invisible*. Ahí se van grabando todos los sucesos importantes y no tan importantes, las historias de cada miembro de la familia, las creencias y las emociones. Es como un archivo gigantesco al que nada más por ser parte de la familia tienes acceso y descargas información. El problema es que descargas mucha información que no te conviene y entonces tu memoria está llena de lo que te lastima y no hay espacio para guardar lo que te nutre.

Sanar tu familia es limpiar de tu memoria individual aquella información familiar que te hace daño y transformarla para que únicamente tomes aquello que te beneficia. Implica reconocer que en tu herencia familiar algo te está afectando negativamente y modificar esa información en ti. Al cambiarla en ti, la modificas para toda la familia porque añades una nueva versión actualizada en la base de datos familiar. Todos los miembros de la familia ahora tienen acceso a ella.

Imagina una familia cuya norma es tener sobrepeso. Desde bebés nacen de tamaño grande y todo los lleva a ir acumulando peso, desde los hábitos de alimentación y de vida hasta la manera de pensar.

De repente, uno de los miembros modifica su modo de pensar, se ejercita y alimenta sanamente y llega a su peso ideal. Esta nueva información entra en la herencia familiar y ahora en esa familia ya hay dos posibilidades: tener sobrepeso o estar en el peso ideal, cuando antes sólo existía la posibilidad de tener sobrepeso.

La meta de *Sana tu familia* es sanarte con relación a lo que sucede y ha sucedido en tu familia. Esto tiene un impacto inmediato en tu familia y sus miembros porque tú eres parte de tu familia y tu familia es parte de ti. Uno no se mueve sin el otro. Al mismo tiempo, cada miembro de la familia, dentro de las opciones disponibles, elige lo que desea. Respetar lo que cada persona desea es esencial para sanar. El primer paso es querer moverte, pero si lo que tú quieres es que un miembro de la familia se mueva, toda tu atención va a estar en cambiar al otro. Tú únicamente tienes poder sobre ti; al cambiar tú, indirectamente cambiarás a la familia y esto puede influir en que ese miembro específico cambie, si así lo desea.

Si lo que te llevó a leer este libro es tu preocupación por alguien de tu familia, deja de gastar tus esfuerzos en que esa persona lo lea o tome conciencia. Enfócate en aprender y modificar tu parte. Recuerda: tú eres tu familia y tu familia eres tú. Al cambiar tú, cambia tu familia y todos los miembros tienen nuevas posibilidades positivas dentro de su herencia. Por ejemplo, si en la familia hay depresión, al sanar tú ese aspecto en ti, integras esa solución en la herencia familiar y todos los miembros de la familia pueden tener acceso a ella. Esto va a ser más fácil que intentar que el familiar deprimido lea el libro y lo aplique.

Así funciona para lo demás. Sana en ti todos aquellos aspectos que te preocupan de los que amas, esto modificará la herencia familiar invisible. Como resultado, tus seres queridos tendrán mejores posibilidades.

Te recomiendo que mientras lees el libro, te concentres en ti y en lo que te pasa a ti con respecto a tu familia. Las personas se sorprenden de los cambios que observan en los miembros de su familia y les cuesta reconocer que los que cambiaron primero fueron ellos mismos. Cambia tú y cambiarás a tu familia. Soy testigo de esto una y otra vez.

El Método Magui Block®
para sanar tu familia

Desde que recuerdo tengo una manera especial de percibir lo que sucede a mi alrededor. De pequeña me apasionaban las dinámicas entre las personas, y en mi infancia jugaba a inventar enredos y encontrarles diferentes soluciones. Tenía una empatía demasiado desarrollada, podía sentir en mi cuerpo lo que los demás sentían y mirar las imágenes que otros creaban en su mente. Me confundía y ya no sabía qué era mío y qué de los demás. No sabía cómo manejar esto que algunos llaman "dones", pero que en ese entonces me parecía una especie de maldición.

Por eso, cuando llegó el momento de elegir una profesión, no tenía ni idea de qué hacer. Finalmente terminé la Licenciatura en Administración y trabajé como administradora y consultora durante 7 años.

Con un trabajo estable, que me daba una estructura y una sensación de ser normal en el mundo, empecé a poner mis facultades especiales al servicio de los demás, sin darme cuenta de lo que realmente estaba sucediendo.

Al mismo tiempo que me desempeñaba como directora administrativa de una escuela, estudiaba psicoterapia y tenía algunas consultas particulares. La psicoterapia fue mi pasatiempo, algo que hacía por placer, y mientras estudiaba diferentes técnicas de psicoterapia, también aprendía a utilizar mis dones y a desarrollarlos.

Cada vez me sentía más motivada por las transformaciones que presenciaba en mis clientes y me maravillaba lo fácil que podía ser su proceso al utilizar la técnica correcta. Yo seguía entrenándome con los mejores maestros y encontrando fórmulas nuevas de crear cambios más rápidos. Mis dones dejaron de ser una maldición para convertirse en un regalo.

Para ese entonces ya estaba casada, con dos hermosos hijos y todo lo que aprendía lo aplicaba en mí y en mi familia. Puedo decir que me tocó la familia perfecta para practicar lo que estudiaba. A lo largo de los siguientes años se presentaron situaciones muy difíciles para mí y para los que amaba: problemas de salud, hospitalizaciones, operaciones de emergencia, enfermedades graves y crónicas, muertes, depresión, pérdida de empleo y eventos peligrosos como robos y asaltos. Los conflictos aparecieron en todas las áreas de mi vida —salud, familia, amigos, profesión, finanzas y pareja—, por lo que tuve la oportunidad de emplear en mi vida, con mis problemas, lo que estudiaba. En este ir probando encontré mi propia manera de resolver los conflictos, combinando técnicas y creando nuevas.

Las personas buscaban que las atendiera, pero yo no tenía consultorio ni el interés de dar consulta. En aquel tiempo me consideraba administradora de profesión y los refería con mis maestros, pero cuando fueron tantas las llamadas comprendí mi verdadera vocación: transformar con amor. Al momento que dije sí a la psicoterapia como profesión y monté mi consultorio, mi vida dio un giro. Mis consultas se multiplicaron, tenía una lista de espera de meses y fui invitada a crear material para entrenar a los facilitadores del Instituto de Resonance Repatterning®. Con tanta demanda de consultantes, me pareció una excelente idea capacitar a más personas para poder atender a más gente.

Mi vida se transformó velozmente. Me convertí en escritora de manuales de entrenamiento y en maestra de seminarios que viaja por el mundo. He tenido la oportunidad de conocer Canadá, Sudáfrica, Chile, Argentina, España, Inglaterra y muchos lugares de Estados Unidos y también de México.

Como muchas personas pedían entrenarse, pero no tenían estudios previos, decidí crear el Método Magui Block® para compartirlo con cualquier persona que supiera leer y escribir. Escribí nuevos manuales de entrenamiento e hice dos diplomados para preparar a facilitadores en el método. He impartido conferencias y talleres desde hace más de 15 años y los asistentes siempre me pedían un libro, pero lo único que tenía eran manuales que sólo podían adquirirse al recibir el entrenamiento profesional para ser facilitador.

Pero ¿qué pasaba con aquellas personas que únicamente querían sanarse?, ¿por qué tenían que invertir tanto tiempo y dinero en aprender? No obstante, yo tenía una gran resistencia a escribir un libro. Tenía la impresión de que generaría cambios importantes para mí, que sería una antes de escribir el libro y otra después. Esto no era algo lógico, sólo una sensación. Mientras lo escribía sentía esto, pero estaba decidido y este libro cambiará vidas.

Con que una persona se beneficie, me sentiré satisfecha, ¡y espero que seas tú!

¿QUÉ ES EL MÉTODO MAGUI BLOCK®
Y CÓMO FUNCIONA?

El Método Magui Block® combina de una manera única las técnicas más avanzadas en psicoterapia para lograr resultados efectivos en un tiempo extraordinario. Aunque tomo elementos e ideas de muchos maestros, en este libro me apoyo principalmente en la teoría del maestro Bert Hellinger, creador de las Constelaciones Familiares. También tomo conocimientos de otras escuelas, entrenamientos, técnicas y de mis experiencias personales y con consultantes. Entre las que necesito mencionar están:

1. Constelaciones Familiares
2. Resonance Repatterning®
3. Hipnosis Ericksoniana
4. Psicoterapia Gestalt
5. Enfoque centrado en la persona
6. ZhiNeng QiGong
7. Emotional Freedom Technique (EFT)
8. Tapas Acupressure Technique (TAT®)
9. Eye Movement Desensitization and Reprocessing (EMDR)

Como continuamente estoy creando nuevas maneras de resolver algún conflicto, el método sigue creciendo y evolucionando, pero lo que se ha mantenido a través del tiempo es cómo funciona. Hay tres movimientos que ocurren cuando logras un cambio positivo:

1. Identificas el enredo, lo negativo, el problema, lo que te tiene ahí atorado en una situación de conflicto.

2. Identificas el recurso, aquello que necesitas. En otras palabras, la solución.

3. Te transformas, ¡y aquí está la magia! Al unir todas las piezas, ocurre un cambio, un salto y te ubicas en un nuevo lugar desde donde el problema se ve muy lejos y parece muy pequeño.

En la práctica, cada uno de estos movimientos puede irse dando en varios movimientos pequeños, en un orden diferente o pueden mezclarse actuando en un mismo movimiento unido. Lo importante es que te transformes y eso lo consigues reconociendo tu problema e integrando los recursos que te faltan. Dentro de eso, hay muchas maneras de lograrlo, pero a mí me gusta que sea con amor y, de ser posible, con humor también.

¿QUÉ PUEDE HACER POR TI Y POR TU FAMILIA EL MÉTODO MAGUI BLOCK®?

Hasta el día de hoy había aplicado mi método en mi consulta privada, en las conferencias y talleres que imparto y entrenando a facilitadores, con excelentes resultados. A través de este libro, comparto mi método con todo el público para obtener los mismos resultados extraordinarios. ¿Qué quiere decir esto? Que el libro está escrito de una manera en la que podrás realizar los tres movimientos: identificar tus enredos y problemas, obtener recursos y transformarte, sin darte cuenta de cómo está sucediendo. ¡Te transformarás como por arte de magia!

Tu mente consciente estará concentrada en lo que explico, en tanto que tu mente inconsciente activará sus fuerzas sanadoras.

Tu hemisferio izquierdo comprenderá los conceptos teóricos y tu hemisferio derecho creará imágenes reconociendo el caos, sustituyéndolas por imágenes de orden y armonía. Las imágenes internas son las películas que creas en tu mente y tienen un poder increíble para sanar. Todo esto mientras tú lees cómodamente.

Tu mente y tus emociones tienen un efecto en tu cuerpo. También tu cuerpo genera un efecto en la mente y en tus emociones. Por eso, en algunos momentos a lo largo de tu lectura, te pediré que adoptes una postura corporal específica, evoques el amor y que realices una declaración en voz alta. Al adoptar esa postura, abres ciertos puntos y conductos de energía en tu cuerpo. Tu mente se expande y estás preparado para integrar un cambio positivo. Estas posturas las aprendí en mi práctica de ZhiNeng QiGong.

Evocas el amor como el elemento más elevado para catalizarte, logrando conseguirlo en un proceso gentil. Al declarar en voz alta lo que sintetiza el tema a resolver estás armando tu elección de cambiar. Es como decir el "sí, acepto" cuando te casas. Todo el mundo podría suponer que si ya te presentaste en la iglesia, vestido para la ocasión, es porque te quieres casar. Pero aun así te lo preguntan, ¿verdad? Ese "sí, acepto" es muy importante porque se refiere al libre albedrío que tienes y que te da el poder de elegir. Al expresar la declaración en voz alta, adoptando la posición tal como la describo, estás movilizando tu poder de transformación. Así que, al hacerlo tal como te lo indico, tendrás cambios extraordinarios y sólo te llevará unos minutos.

Algo que bloquea la transformación son las intenciones específicas sobre miembros de la familia. ¿A qué me refiero? A los deseos o expectativas en relación con otras personas. Por ejemplo, que el hijo se case, que la pareja consiga trabajo, que la madre sea amorosa, que el padre deje su adicción. Posiblemente son esas intenciones las que te han llevado a leer este libro, pero para lograr un cambio, necesitas hacerlas a un lado y concentrarte en la parte que tienes que hacer tú. Olvida eso que te inquieta un rato; como cuando tienes un asunto que no puedes resolver, vas al cine a distraerte y en el camino de regreso a casa te llega la solución. Así le harás. Pon tu intención a un lado y concéntrate en la meta más amplia: sanar tu familia al sanarte a ti mismo.

Y esto puede darse tan fácil y rápidamente que quedarás sorprendido. En ocasiones notas los cambios solamente en ti. A veces se observan cambios en los demás. Lo común es disfrutar las transformaciones en ti y en los demás miembros de tu familia. Para algunas personas los beneficios son inmediatos, otras tardan unos cuantos meses en verlos. Cada persona integra a su ritmo porque la intención es que sea amoroso, sin crisis, rápido pero suave y con alegría. Pon tu atención en la lectura y en ir haciendo lo que te indico, con la intención general de sanar tu familia al sanarte a ti mismo y deja ir las intenciones específicas. ¿Estás listo?

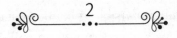

La herencia familiar invisible

Cada ser humano es único e irrepetible, pero hay algo en común: somos concebidos por un padre y una madre. En el momento en que se unen el óvulo de tu madre y el esperma de tu padre recibes la herencia familiar invisible. Independientemente de lo que suceda después, de cómo te hayan criado, de la relación que tuviste con tus padres, de tus traumas infantiles, tú recibiste una herencia al momento de ser concebido y ésta te afecta profundamente.

Cuando se busca la raíz de un problema se tiende a darle mayor importancia a lo que ocurrió en la primera infancia y en la crianza recibida. Se trata de encontrar la solución en la relación con figuras de autoridad importantes y los primeros en la lista son la madre y el padre, generalmente en ese orden. Sin embargo, te aseguro que muchos de los problemas personales que no has logrado resolver tienen su origen en tu herencia familiar invisible y no en lo que ocurrió en tu infancia. Según mi experiencia profesional, la mayoría de los problemas de mis consultantes tienen su causa en lo que traen cargando de su familia. Por eso, al reconocer su herencia y aprovecharla, logran cambios extraordinarios y transformaciones que no habían conseguido en años de terapia tradicional.

La herencia familiar invisible es la información que viene en el óvulo de tu madre y en el esperma de tu padre, además, incluye la información que recibes a nivel inconsciente en tu familia. Esta información no es nada más de lo que ocurrió en el pasado, es lo que sigue ocurriendo en el presente. Mientras que los miembros de una familia sigan vivos, el sistema familiar se mueve y reorganiza, la información cambia y hay "actualizaciones" que nos afectan, positiva y negativamente. Por eso, esta herencia familiar invisible está en continuo cambio, tú y cualquier miembro del sistema familiar tienen acceso a ella y cada uno de ustedes puede hacerle modificaciones. Puedes ser controlado por ella, como le ocurre a la mayoría de las personas, o puedes adueñarte de tu poder y aprender a utilizar esta información para tu mayor beneficio. Únicamente necesitas aprender cómo hacerlo y este libro te lo va a enseñar. Felicidades, ¡ya estás en ello!

En esta herencia familiar invisible están las emociones, las creencias, las historias de vida, las lealtades familiares y los traumas de tu familia. Las personas tienden a olvidar aquellos aspectos que son sutiles, sin embargo, muchas veces ahí es donde se encuentra la raíz de los problemas y, por lo tanto, también la solución. La herencia invisible puede ser una carga muy pesada para ti y tus descendientes. Te doy algunos ejemplos de cómo podría estar afectando tu vida o la de tus descendientes:

- Una situación económica carente podría tener su origen en una pérdida de bienes o dinero de algún ancestro.
- Ser infeliz, depresivo o padecer de un carácter gruñón podría suceder por cargar emociones que le pertenecen a otro miembro de la familia.
- No conseguir lo que se desea, o conseguirlo y perderlo, podría ser por una lealtad familiar.

- Problemas para establecer una relación de pareja sana y feliz podría ser por repetir la historia de otros miembros de la familia.
- Sufrir miedos, ansiedades, insomnio, arranques violentos podría ser por algún trauma que sufrió alguien en la familia.
- Tener accidentes, robos o cualquier situación en la que la vida esté en riesgo podría suceder al repetir de manera inconsciente ciclos de violencia ancestrales.
- Cualquier hábito destructivo puede ser por muertes trágicas en la familia.

Es fácil entender que lo que pasa en tu familia te afecta cuando conoces a tu familia biológica y te relacionas con ella. Lo que es muy difícil de entender para la mayoría de las personas es cómo les puede afectar algo que ni siquiera conocen. ¿Cómo puede ser posible que la historia de algún ancestro al que no conocen, como una bisabuela, sea la causa de la depresión de su hijo? O, ¿cómo es que las emociones de alguien que ni siquiera creen que pertenece a la familia, como la amante del abuelo materno, pueda ser la razón por la que no puedes consolidar una relación de pareja sana?

Y es que toda esta información está almacenada en tu herencia familiar y como es invisible te afecta sin que te des cuenta. Es como si fueras un títere dirigido por las historias de muchos miembros de tu familia, pensando que tú llevas las riendas de tu vida, cuando no es así. Piensas que eres libre, pero estás atrapado.

Entonces, el primer paso para avanzar en tu proceso es reconocer que traes cargando esta herencia. Imagina una pequeña mujer con una gran bolsa al hombro, con cosas que ha ido acumulando sin darse cuenta. Si sigue negando que la bolsa es demasiado grande para su estructura ósea, va a caminar por la vida toda descuadrada por el peso, pero, si lo reconoce, va a estar dispuesta a detenerse, a abrir la bolsa y a vaciar su contenido para mirar lo que le sirve y lo que necesita sacar de ahí.

Para dar el siguiente paso se requiere que reconozcas que traes una herencia familiar y que te pesa más de lo que habías pensado. Todavía no sabes qué incluye tu herencia de manera específica, ni en qué sentidos te está afectando. Por lo pronto, sólo ábrete a la posibilidad de que algunos de los problemas que no has podido resolver hasta ahora podrían tener que ver con esto.

Como te dije, este libro tiene un objetivo ambicioso. No sólo te está enseñando la teoría, al leerlo te puede transformar de una manera muy fácil y gozosa. Una parte la pongo yo, la otra la pones tú al aplicar el Método Magui Block®. Al adoptar la postura correcta, evocar el amor y repetir la frase que te propongo en voz alta, alineas tu cuerpo, tu mente y tus emociones para crear una transformación amorosa.

¿CÓMO PUEDES OBTENER EL MAYOR PROVECHO DE TU HERENCIA FAMILIAR?

Tu herencia te viene dada al nacer dentro de la familia a la que perteneces y no escoges lo que recibes, pero sí puedes modificarla una vez que la has reconocido y sacar el mayor provecho de ella. En general, cuando se recibe algo lindo, el sentimiento es de gratitud, pero cuando es desagradable, hay rechazo y desprecio.

Lo mismo pasa en tu familia. Si tu familia te agrada, agradecerás tu herencia. Si tu familia te desagrada, o ciertos miembros o aspectos de ella, sentirás rechazo. Lo que más rechazas se fortalece, es decir, se hace grande y pesa todavía más.

Imagina que tu familia es como una universidad. Llegaste a esa universidad específica para lograr ciertos aprendizajes básicos. Con ello, puedes hacer lo que tú quieras. Desde lamentarte de tus maestros, de las instalaciones y de tus compañeros de clase, hasta aprovechar el gimnasio, tomar clases adicionales, llevar sobrecarga de materias, hacer las tareas y estudiar para los exámenes. Puedes ir a asesorías privadas con los maestros que mejor explican, puedes parrandear todos los días, juntarte con los aplicados del grupo o con los que son más deportistas. ¿Cómo deseas que sea tu experiencia? Tus hermanos están en la misma universidad, pero ¿hacen lo mismo que tú? ¡Claro que no! Porque cada persona elige una experiencia distinta de acuerdo con lo que puede y quiere hacer.

Creo en que naces en la familia correcta para ti, aquella que tiene la herencia que te corresponde en esta vida, con los aprendizajes y experiencias que quieres realizar. Trabajando con miles de personas me he dado cuenta de que cuando la herencia familiar es muy pesada, más oportunidad de crecimiento hay, siempre y cuando adoptes la actitud correcta. Si piensas en la universidad, una gran carga familiar equivale a estudiar varias carreras profesionales al mismo tiempo. Son muchas horas de estudio, pero al final vale la pena.

Entonces, la clave está en la actitud hacia tu familia. "¡Pobre de mí!, ¿qué hice para tener esta familia?, ¡no es justo!", es una actitud que te coloca en una situación de víctima. Estos pensamientos te quitan poder para enfrentar lo que vives y desaprovechas tu herencia. En cambio, cuando te centras en lo que te corresponde en tu familia, sólo asumes tu pequeña parte y te liberas de lo demás. Esto te llena de poder. Le devuelves su responsabilidad a cada persona y puedes aprovechar tu herencia.

Mira el ejemplo de Erika, ella es la mayor de tres hermanas y desde muy pequeña fue como el hijo varón que esperaba su padre. A ella se le exige más y se le da menos. Su mayor anhelo es ser madre, pero no ha podido concretar una relación de pareja exitosa y ha perdido dos bebés durante los primeros meses del embarazo. Erika llega a la consulta sin parar de llorar, se siente frustrada y triste porque su padre le acaba de comprar un departamento a la hermana de en medio y a la hermana pequeña la mandó de viaje de lujo a Europa, cuando a ella su papá le debe un dinero que necesita con urgencia. Le parece injusto y se siente muy desgraciada. ¿Es injusta la situación de Erika? Por supuesto que sí. Pero ella no puede cambiar lo que hace su padre. Eso es asunto de su padre y él es el único que se puede hacerse cargo de eso. Erika solamente puede asumir su parte. ¿Cuál es su parte? Ella está inconscientemente tratando de complacer al padre y ser el hijo varón que él espera. Por más que haga, ella no puede ser varón y está renunciando a tener hijos inconscientemente. Al cargar las expectativas de su padre sobre ella, renuncia a cumplir sus sueños. Si ella se sale de la postura de víctima, resentida porque su padre es injusto y deja de fijarse en qué le da el padre a cada quien y en lamentarse, también dejará de prestarle su dinero, sobre todo cuando ella lo necesite y él se lo regale a sus hermanas. Entonces se llenará de poder y podrá tomar su lugar de hermana mayor. Dejará que su padre cargue las consecuencias de cualquier injusticia y ella agradecerá lo que tiene.

Cambiar de actitud y salir de la postura de víctima te lleva a encontrar las lecciones de tu experiencia familiar. Cuando aprendes lo que necesitas aprender, tomas las acciones correctas y te sales de las dinámicas destructivas.

Si continúas de víctima, seguirás repitiendo la misma historia dolorosa. Pero todo empieza por el paso más sencillo: cambia de actitud, aunque la historia sea la misma, sin maquillar lo que sucede, sin pintarlo de rosa. Si es injusto, es así, sólo que deja de tratar de cambiarlo cuando ni siquiera está en tu poder y mueve lo que sí está en tu control.

El cambio de actitud es una elección. Tú eliges la actitud que tomas frente a lo que vives. A menos que exista una enfermedad mental o emocional que te lo impida porque estás sumamente deprimido o débil, tú tienes el poder de cambiar tu actitud al modificar tus pensamientos. Por eso, deja de pensar que es injusto o que es equivocado lo que vives y recuerda que tu familia es tu universidad. Piensa que estás llevando una sobrecarga de materias cuando algo que enfrentas es doloroso y ponte las pilas para cargar únicamente tu parte.

Más adelante te voy a dar maneras de reconocer y cargar exclusivamente tu parte. Por el momento, concéntrate en adoptar la actitud correcta, la que te empodere. Cuando tu pensamiento es "pobre de mí, lo que vivo es injusto", te sientes una víctima de las circunstancias y crees que no tienes el poder para enfrentar lo que te sucede. Por el contrario, si tu pensamiento es "lo que me sucede en mi familia es una oportunidad para convertirme en una mejor persona", te llenarás de poder y de recursos.

Así que ahora a utilizar el Método Magui Block®. Adopta la postura correcta, evoca el amor y repite la frase que te propongo en voz alta.

La postura física correcta:

- Cuerpo erguido, imaginando que tu cabeza toca el cielo y tus pies están firmes y profundos en la tierra.

- Centrado y relajado, con tu corazón y tu mente tan claros como el agua cristalina.
- Tus manos, una sobre la otra, en el ombligo, imaginando que se conectan con el espacio que está cerca de tu columna vertebral por dentro de tu cuerpo. (Si eres mujer, coloca la palma de la mano derecha en tu ombligo y la palma de la mano izquierda sobre el dorso de la mano derecha. Si eres hombre, coloca la mano izquierda en tu ombligo y la palma de la mano derecha sobre el dorso de la mano izquierda.)

Evoca el amor:

- Recuerda tus ganas de sanar y sonríe.
- Siente aprecio por ti mismo.
- Agradece el momento.

El poder de la palabra:

- Expresa en voz alta las frases.
- Escucha cómo lo dices y repítelo hasta que lo puedas decir con facilidad.

Adopta la postura correcta, evoca el amor y repite en voz alta:

*Reconozco que cargo una herencia familiar invisible y que
me afecta.
Ahora elijo conocer mi herencia familiar y transformarla
con amor.*

Si tienes alguna situación familiar que no te gusta y que no entiendes por qué la estás viviendo, utiliza la siguiente frase:

*Reconozco mi actitud de víctima y la transformo.
Ahora elijo empoderarme y aprender mi lección
en relación con [nombra la situación o la persona
con la que tienes el problema].*

Por ejemplo, si hay peleas con un excónyuge por la educación de los hijos, la frase sería:

Reconozco mi actitud de víctima y la transformo.
Ahora elijo empoderarme y aprender mi lección en cómo
me relaciono con mi excónyuge. Encuentro la manera
de educar a nuestros hijos con amor y sabiduría.

Con esta frase te llenas de poder, dejas de centrarte en lo que hace el otro y te enfocas en tu objetivo: ser mejor ser humano y educar a tus hijos sabiamente.

¿CÓMO PASAR ÚNICAMENTE LO MEJOR A TUS DESCENDIENTES?

Tú y tus descendientes repiten las historias familiares sin darse cuenta. ¿Por qué lo hacen? Por amor ciego. Para pasar la mejor herencia a tus descendientes necesitas enseñarles a amar sabiamente en lugar de ciegamente. Sólo puedes enseñar lo que dominas, así que empieza por identificar cómo amas, para eliminar de tu repertorio el amor ciego. Los siguientes casos te ayudarán a comprender cómo funciona el amor ciego.

Tengas o no un hijo adolescente, imagínate en la siguiente situación: tu hijo adolescente llega de la escuela triste y retraído. El viernes hay una fiesta a la que todos sus compañeros están invitados menos él. Cada día de la semana ha sido una tortura y conforme se acerca la fiesta, tu hijo está peor. Tú lo sufres con tu hijo. Ese fin de semana ya tienes algunas actividades sociales planeadas, pero ahora te sientes dividido. No sabes si cancelarlas, incluir a tu hijo en el plan o seguir como si nada. Te sientes culpable de pasarla bien cuando tu hijo la está pasando mal. Si pudieras, cambiarías de situación con tu hijo para que él disfrute de un buen rato con amigos que lo quieren y lo invitan. Quisieras ahorrarle su dolor.

Utiliza tu fantasía para meterte en la siguiente experiencia, aunque no tengas una hermana: a tu hermana pequeña le acaban de hacer un fraude. Un tipo vividor le mintió, la enamoró y le robó. Ella, por su inocencia, perdió dinero, se metió en líos con la justicia y quedó destrozada. Ya no confía en el amor, tiene problemas legales y está deprimida. Te sientes enojado y quieres encontrar la manera de castigar a ese hombre. Tal vez, hasta tienes ganas de romperle la cara. A veces, sueñas con que está en la cárcel pagando su castigo.

Visualiza que vives en pareja y sucede lo siguiente: tu pareja tiene una enfermedad terminal y se encuentra hospitalizada. Por reglamento de la institución, únicamente puedes acompañarla dos horas al día. Aunque tienes el resto del tiempo para ti, toda tu atención está en lo que supones que le está pasando. Te preocupa la atención que está recibiendo y quisieras estar a su lado. No puedes concentrarte en nada más. Cuando le hacen tratamientos, te duelen como si te los estuvieran haciendo a ti. A veces, fantaseas con hacer un trueque, que tú estás en el hospital muriendo y tu pareja, saludable.

Te puedes identificar con cada uno de estos casos, ¿verdad? En la mayor parte de las familias, sufrir cuando alguien a quien amas sufre se considera una cualidad, como si tuvieras un corazón generoso. Pero esta manera de amar es justamente el amor ciego, un sentimiento que te conecta con los miembros de la familia y que hace que cargues aquello que le pertenece al que amas.

Te lo voy a poner de manera simple y desnuda. En el primer ejemplo, el amor ciego te hace cargar el dolor del hijo al que no invitan a la fiesta. En el segundo, el amor ciego te lleva a cargar el enojo reprimido de tu hermana y la necesidad de defenderla y encontrar justicia. En el tercero, el amor ciego te lleva a enfermar y morir. Ninguno de estos asuntos te pertenece, son de los miembros de una familia hipotética, creados para que puedas entender la manera en la que funciona el amor ciego.

Es una ilusión creer que puedes cargar lo de otras personas y ahorrarles su dolor. Lo que sucede realmente es que se multiplica. De esta manera, tu ser querido sufre lo que le pasa y lo sufres tú también. Cargar con lo que le corresponde a otra persona, aunque sea por amor y con la intención de ayudarlo, tiene muchas consecuencias. Te menciono algunas:

- QUITA PODER. Cuando quieres cargar con lo de otra persona, el mensaje que le mandas es: "Tú no puedes, es demasiado pesado para ti, deja que te ayude". Le muestras con tu preocupación que lo que vive es demasiado para ella y que tú puedes cargarlo mejor. Esto la hace sentirse sin poder y débil porque necesita de ti. Te estás poniendo por encima del otro, como si fueras más capaz o fuerte porque tú crees que sí puedes y que esa persona no. En pocas palabras, si tú lo cargas es porque el otro no tiene el poder para hacerlo solo.
- REPITE EL MISMO ERROR. Un error deja de repetirse cuando tu respuesta ante lo que sucede es diferente. Esto sólo ocurre cuando cambias, y para cambiar necesitas aprender. Lo mismo le pasa a tu ser querido. Puede aprender al experimentar problemas y solucionarlos, aunque le duela. El dolor enseña lecciones.
- CREA DESORDEN. En una familia ordenada hay amor y armonía. Una de las características del orden es que cada quien cargue con lo suyo. Cuando una persona carga con lo que

le corresponde a otra, suelta lo suyo. El problema es que las personas tienden a sentirse invencibles, sobre todo cuando se trata de salvar a los que aman, entonces creen que cargan con lo del otro sin soltar lo de ellos. Creen que pueden con todo, pero cada vez que una persona carga con el paquete del otro, suelta el suyo sin darse cuenta y otra persona va a sentirse obligada a cargarlo, soltando a su vez lo suyo. Como puedes visualizar, ¡se arma un tremendo relajo! Y como nadie puede resolver lo que le corresponde a otra persona, los asuntos quedan ahí, creciendo como globos que se inflan hasta que en algún momento revientan.

Para que te des una idea de la gravedad del problema, imagina que vas a viajar en grupo y contrataste un tour. Una de las indicaciones que te dan es que lleves una maleta etiquetada con tu nombre y que puedas cargar. Cada miembro del tour tiene que llevar una maleta etiquetada del tamaño que pueda cargar.

Empieza el viaje y algunas personas comienzan a avanzar más lento, se detienen a comprar *souvenirs* y van rellenando su maleta y comprando maletas nuevas. Así, varios miembros del grupo llevan más de una maleta. Otros miembros del grupo se ofrecen para cargar las maletas adicionales, todo con la mejor intención, para agilizar el avance y disfrutar del viaje.

El problema es que las maletas se revuelven, muchas no tienen etiquetas, nadie sabe qué es de quién y todos tienen que pagar las cuotas adicionales por exceso de equipaje en los vuelos. Y, lo peor de todo, es que las personas continúan comprando *souvenirs* y maletas nuevas, porque no pagan las consecuencias de sus acciones. Entonces, en el grupo hay cada vez más maletas, nadie sabe cuál es la suya, algunos cargan demasiado mientras otros siguen creando peso para los demás. Todos participan haciendo caos y desorden. El viaje se convierte en una pesadilla.

- **MULTIPLICA EL SUFRIMIENTO.** Aunque pueda parecer que le quitas un peso a la persona que amas, en realidad lo estás multiplicando. Es común que cuando un miembro de la familia necesita ser hospitalizado, toda la familia va al hospital, turnándose para verlo y esperan horas sentados o parados, sin dormir, sin querer comer, porque creen que eso es amar, sufrir todos juntos ante la desgracia de uno de sus integrantes.

Otro ejemplo es si tu pareja o tu mamá se enferma y te enfermas con ella, los dos se sienten mal. ¿En qué le ahorraste malestar? Sin embargo, tu subconsciente te dice que lo correcto es sufrir con la persona que amas. Estar feliz mientras el otro sufre sería considerado como una traición. Si te dieras cuenta de que al sufrir con la persona que amas creas más sufrimiento, dejarías de hacerlo. Pero aquí interviene otro elemento: la culpa. Esta culpa viene de sentirse bien, cuando el otro se siente mal y es tema de otro capítulo. Por lo pronto, date cuenta de que multiplicas el sufrimiento cuando te pegas con el dolor de los demás y no le ahorras nada.

- **REPLICA HISTORIAS TRÁGICAS.** Cuando algunos miembros de la familia sufren una historia trágica, otros miembros de la familia la repiten por amor ciego. Por ejemplo, el abuelo pierde los bienes y el dinero. Esto lo deprime y muere al poco tiempo, pobre y con las ilusiones rotas. La abuela se enfoca en sacar adelante a sus hijos trabajando mucho. Su única alegría es que ellos estén bien.

Los descendientes de esta familia pueden replicar muchas historias trágicas posibles. Algunos repetirán la historia del abuelo, no pudiendo generar la abundancia que desean, o deprimiéndose y desilusionándose. Otros replicarán el patrón de la abuela, dedicándose a los hijos sin tener una vida propia o trabajando en exceso. Algunos otros harán una combinación, como trabajar exageradamente y ser pobres.

Cada vez que se replica una historia, se reafirma. Es como los surcos que forma el agua en la tierra. Mientras más agua pasa por la tierra, más hondo se hace el surco y más agua jala en esa dirección. De igual manera, en tanto que más personas de la familia viven una historia, más se reafirma y más probable será que otros la sufran.

Por eso, hay familias en las que varios miembros viven solos, no tienen hijos o tienen problemas económicos. Si vives esa historia por elección, está perfecto; el problema es cuando tú quieres algo diferente pero no lo logras, porque sin querer estás atrapado en una historia familiar y, aún peor, ¡se la has pasado a tus descendientes!

Con el amor ciego tratas de cargar lo que le causa dolor a la persona querida para ahorrarle sufrimiento, pero en realidad le estás haciendo un daño, cuando lo que más deseas es dar lo mejor a tus descendientes.

Cada persona necesita cargar lo que le corresponde por muchas razones. Te doy algunas:

- APRENDER SU LECCIÓN. Aunque no lo entendamos, a veces, una persona necesita avanzar por un camino doloroso o de sufrimiento para recoger ciertos aprendizajes. Si cargas su dolor, tal vez evitarás que lo sufra ahora, pero si esa persona necesita esa experiencia específica, tarde o temprano va a llegarle. Lo que pasa es que quisieras que nunca necesite experimentarlo, pero si esto fuera cierto, entonces ¿por qué lo está viviendo? El otro necesita vivir lo que le pasa, sufrirlo y resolverlo.

Tú lo puedes apoyar en las cosas prácticas. Si seguimos con los ejemplos, podrías llevar a tu hermana con un buen abogado o platicar con tu hijo e idear posibles estrategias para que mejore su vida social. En el caso de tu pareja, podrías buscar el mejor tratamiento médico. Es muy diferente apoyar a tus seres queridos para encontrar soluciones que cargar su dolor.

- **LLENARSE DE PODER.** Cuando una persona enfrenta sus situaciones de vida, sintiendo lo que pasa en cada momento, se fortalece y empodera. En cambio, cuando evita lo que vive, se conecta con su debilidad y se hace pequeña. Permites que tu ser querido se llene de poder cuando lo dejas asumir su carga y le quitas poder cuando tú cargas lo que le pertenece.
- **RECIBIR RECONOCIMIENTO Y RESPETO.** Si a una persona que enfrenta una situación difícil la miras con respeto, manteniendo un estado de serenidad interna, el mensaje que le mandas es: "Te respeto y reconozco tu valor. Tú puedes con esto".

Al amar ciegamente cargas con lo de otros con la ilusión de ahorrarles dolor, pero sólo lo aumentas. Al amar sabiamente permites que cada quien asuma su parte y les das la mejor herencia a tus descendientes. El amor ciego desaparece cuando se vuelve sabio.

¿CÓMO TRANSFORMAS EL AMOR DE CIEGO A SABIO?

Éstos son los pasos para transformar el amor ciego en amor sabio:

- Siente el amor que tienes por esa persona.
- Identifica "la maleta" de la persona que amas y reconoce que tú no puedes cargarla.
- Identifica "tu maleta", la que tiene tu nombre y cárgala.

Vuelve a imaginar el ejemplo del tour. Cada miembro del grupo lleva su maleta etiquetada con su nombre. Lee las etiquetas de las maletas. Cada una tiene el nombre de su dueño. Las maletas llegan y están en la banda del aeropuerto. Tú tienes que identificar tu maleta y cargarla. Reconoce la maleta de tus seres queridos y deja que cada uno cargue su maleta. Recuerda, si la cargas por ellos, ellos van a adquirir nuevas, así que no te conviene. ¿Estamos?

Una de las cosas más difíciles que se viven es cuando un hijo sufre. Lo natural es que los padres mueran antes que sus hijos. Por eso, cuando un hijo enferma y los padres están saludables, tienen ganas de cambiar de sitio y enfermarse en su lugar. Lo más doloroso para un padre o una madre es ver a su hijo sufriendo y no poder ayudarlo. En estos casos, ¿cómo puede una madre o un padre transformar el amor ciego en amor sabio?

Para transformar el amor ciego en amor sabio, lo primero es que los padres reconozcan el amor que le tienen a su hijo y sientan cómo su corazón se expande con ese profundo amor. El segundo paso es identificar "la maleta" de su hijo y reconocer que no pueden cargarla por él. La maleta sería la enfermedad que padece el hijo. El tercer y último paso es que los padres identifiquen su propia maleta y la carguen. Tener un hijo enfermo es una maleta bastante pesada. Ese padre y esa madre sufren en su sitio de padres. Ellos desean un hijo sano, que pueda jugar y hacer las cosas que los niños sanos pueden hacer. Entonces, su maleta es lo que ellos padecen, individualmente.

Si aprendes a amar sabiamente, tus hijos también amarán de esta manera. Al respetar las historias de cada miembro de la familia, dejan de repetirse. El sufrimiento termina y puedes darles a tus descendientes lo mejor de la herencia familiar.

Así que ahora utiliza el Método Magui Block® para pasar lo mejor de la herencia familiar a tus descendientes.

Adopta la postura correcta, evoca el amor y repite la frase que te propongo en voz alta. Te lo recuerdo:

La postura física correcta:

- Cuerpo erguido, imaginando que tu cabeza toca el cielo y tus pies están firmes en la tierra.
- Centrado y relajado, imaginando y sintiendo tu corazón y tu mente cristalinos.
- Tus manos, una sobre la otra, en el ombligo, imaginando que se conectan con el espacio que está cerca de tu columna vertebral por dentro de tu cuerpo. (Si eres mujer, pon la palma de la mano derecha en tu ombligo y la palma de la mano izquierda sobre el dorso de la mano derecha. Si eres hombre, pon la mano izquierda en tu ombligo y la palma de la mano derecha sobre el dorso de la mano izquierda.)

Evoca el amor:

- Recuerda tus ganas de sanar y sonríe.

- Siente aprecio por ti mismo.
- Agradece el momento.

El poder de la palabra:

- Expresa en voz alta la frase.
- Escucha cómo lo dices y repítelo hasta que lo puedas decir con facilidad.

Adopta la postura correcta, evoca el amor y repite en voz alta:

Aprendo a amar sabiamente.
Reconozco que sólo puedo cargar mi parte.
Permito que cada miembro de la familia cargue lo suyo,
*   aunque sea doloroso.*
Les doy la mejor herencia a mis descendientes al
*   enseñarles a cargar lo suyo y dejar de cargar lo de*
*   otros miembros de la familia.*
Cada quien carga lo suyo, en su poder y capacidad.
Amo sabiamente.
Sólo cargo mi parte.
Amo sabiamente.
Permito que cada miembro cargue lo suyo.
Amo sabiamente.
Y les doy la mejor herencia a mis descendientes.

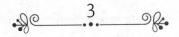

Las cinco claves para sanar tu familia

Hay muchas maneras de sanar a una familia y me he dedicado a encontrar la manera más sencilla de lograrlo. He descubierto cinco claves para alcanzarlo.

Estas claves son las "llaves maestras" de los sistemas familiares, con las que podrás abrir cualquier candado que encierre la solución del problema que te aqueje y a los tuyos. Las cinco claves son:

1. Incluye a todos.
2. Pon a tu familia en orden.
3. Toma energía de vida de tus ancestros.
4. Encuentra el equilibrio entre lo que das y lo que tomas.
5. Resuelve tus ciclos de violencia y ponte en paz.

¿Listo para conocerlas?

CLAVE #1: INCLUYE A TODOS

Así como existen leyes en el sistema jurídico para regular las herencias, también existen leyes en los sistemas familiares. Las leyes familiares son la ley del número completo y la ley del derecho de pertenencia. *La ley del número completo* especifica que sólo cuando todos los miembros del sistema familiar están incluidos y tienen un lugar digno, hay paz y un sentimiento de estar completos. *La ley del derecho de pertenencia* establece que cualquier miembro de la familia, independientemente de cómo sea, tiene el mismo derecho de pertenecer que todos los demás. Es decir, todos los miembros del sistema familiar pertenecen a la familia.

Para explicar estas dos leyes, vuelvo al ejemplo del tour. Imagina que has estado viajando seis meses por países inhóspitos con un grupo de personas a las que conociste al empezar tu viaje. Durante esos meses han convivido en aviones, camiones y recorridos históricos. Se han visto desmañanados, recién bañados, cansados y en todos los estados de ánimo posibles. Pertenecen al mismo tour. Son parte de un sistema. Si en alguna parte del trayecto uno de los turistas no llega al autobús, todo el grupo sentirá cierta inquietud. La sensación es: "alguien nos falta". Esta sensación existe por la ley del número completo. Cada vez que se forma un sistema, es decir, un grupo de personas con un mismo fin o con una cualidad específica, las leyes entran en acción. La sensación de intranquilidad y de estar incompleto es mucho más fuerte cuando la persona que falta es de la familia. Ahora imagina que en el tour hay una persona que a muchos miembros les cae mal porque es diferente de los demás. Algunos desearían que de una vez por todas la sacaran del tour porque creen que rompe la armonía del grupo. Sin embargo, esa persona tiene el mismo derecho de pertenecer que los demás y debe recibir un lugar digno, es decir, ser respetado y tratado como un igual. Si ese integrante no es tratado con respeto por los demás, aunque esto no se manifieste abiertamente, todo el sistema lo sufre. Entonces, imagina que esa persona es la que no llega al autobús, aparentemente varios miembros del tour se alegran y piensan que por fin se han librado de esa persona tan molesta. De todos modos, la sensación de "alguien nos falta" está presente y se suma otra todavía más pesada, una sensación de culpa porque a esa persona no se le daba un lugar digno.

Para algunas personas, estas sensaciones son evidentes, mientras que para la gran mayoría pasan desapercibidas. Independientemente de que lo sientas o no, estas sensaciones se convierten en tirones que dirigen tu vida de una manera inconsciente, como si fueras un títere movido por hilos invisibles.

¿Quiénes pertenecen a la familia?

Posiblemente cuando hablo de incluir a todos los miembros de tu familia piensas que me refiero a aquellas personas con las que tienes un lazo de sangre. También puede ser que incluyas a los hijos que tu pareja tuvo con su expareja y a tus hijos adoptivos. Es muy probable que en tu lista esté incluida esa amiga del alma a la que le dices "hermana" y el tío que, aunque no es hermano de ninguno de tus padres, es muy importante para ti porque ha estado presente en todos tus cumpleaños. Gran parte de mis alumnos incluyen en su familia a sus mascotas y los entiendo perfectamente porque yo adoraba a mi perro y su muerte me dolió más que la de mi abuelo materno, al que casi no conocí.

Créeme que sé que lo que te voy a explicar a continuación puede ser difícil de aceptar al principio, pero también será profundamente revelador y sanador.

Cuando digo "todos los miembros de la familia" estoy considerando a todas aquellas personas que participan en la herencia familiar invisible. Específicamente eso incluye a:

- Todos los hijos (abortados, muertos, nacidos muertos, medios hermanos, hijos dados en adopción)
- Los padres y sus hermanos
- Los abuelos y sus hermanos
- Los bisabuelos y sus hermanos
- Los antepasados y sus hermanos

Y ahora vienen los que son una sorpresa:

- Personas que a pesar de que no son familiares su muerte o su desgracia fue una ventaja para alguien en la familia
- Personas que dejaron el lugar libre para que alguien en la familia lo ocupara. Por ejemplo, las parejas anteriores de padres o abuelos
- Perpetradores de alguien de la familia
- Víctimas de alguien de la familia

Sin saberlo, has incluido a quien no forma parte y has estado excluyendo a los miembros de tu sistema familiar, y cuando esto sucede el flujo de la energía de vida se corta y se repiten historias trágicas. Cada miembro de la familia tiene un lugar y si no se le permite ocuparlo, otra persona de la familia llenará el hueco y repetirá su historia de dolor. Por eso es importante que reconozcas quién pertenece a tu familia y la dejes ocupar su lugar. Si no lo haces, tú o alguien a quien amas padecerá la misma historia del excluido.

Éste es un tema esencial, así que te explico a detalle quién pertenece a tu familia y necesita ser incluido en su sitio:

Todos los hijos

Lo común es que únicamente se cuenten los hijos que están vivos y presentes en la familia y no se mencionen a los demás. Los hijos arraigan a la vida y cuando se excluyen hacen exactamente lo contrario, es decir, arraigan a la muerte, lo que equivale a sentir una atracción hacia lo que te hace daño. En cambio, arraigarte a la vida equivale a tomar decisiones y acciones que te hacen bien, que te nutren y dan alegría. Éste es un tema muy amplio que trataré más adelante, por lo pronto enfócate en entender quién pertenece a tu sistema familiar y después verás cómo te afecta el excluirlos.

Abortos

Se refiere a aquellos hijos que no fueron deseados y se provocó la interrupción del embarazo. Tomando los hechos tal como son, un aborto equivale a quitar una vida que recién empieza. Los abortos afectan el sistema familiar de varias maneras. Una de ellas es que generalmente no los cuentan y trastornan el orden entre hermanos. Por ejemplo, si se tuvo un aborto y luego dos hijos, sólo cuentan a los dos hijos, pero el primero es el hijo abortado y luego los otros dos. Entonces, el segundo hijo ocupa el lugar del primero, que tiene energía de muerte y de asesinato porque su muerte fue provocada. Esto suena muy dramático, pero hay que reconocerlo tal cual es por las implicaciones que tiene. Lo bueno es que todo esto tiene solución, cuando reconoces el problema. Si te estás inquietando porque no sabes si hay algún aborto antes de ti, o tú abortaste y no quieres afectar a tus hijos, relájate. El primer paso es reconocer el problema. Ve paso por paso, ¿sale?

Los abortos también afectan la relación de pareja, creando una separación o rompimiento. Cuando hay un aborto se observa que la pareja se distancia o rompe la relación y, después de un tiempo, regresan o la terminan definitivamente.

La carga de muerte que genera un aborto depende de las circunstancias en las que sucede y del dolor que provoca. Los abortos espontáneos se tratan como hijos muertos.

Hijos muertos

Cuando un hijo muere genera un gran dolor en la familia. Lo natural es que los padres mueran antes que sus hijos, cuando un hijo los pierde siendo pequeño, se le llama huérfano, sin embargo, no existe ninguna palabra para definir a los padres que pierden a su hijo.

Ante el dolor por la muerte de un hijo, cada miembro de la familia responde diferente. Algunos se aferran al dolor o se dejan inundar por él y ya no les dan atención a los otros hijos ni a la pareja. Otros niegan el dolor y hacen como que no pasó nada.

Cuando el hijo muere en el vientre, en el parto o durante el primer año, es común que le pongan el mismo nombre al siguiente hijo, como tratando de "reponer" al hijo que se perdió. Repetir nombres es un problema cuando se hace para aferrarse al hijo que ya no está. Entonces, el hijo que lleva ese nombre se siente obligado a cargar con lo que era su hermano en vida, o con las expectativas que se tenían de ese miembro. Esto lo hace de manera inconsciente por el amor a su familia. Una misma acción puede tener muchos significados, así que, si ya le pusiste el mismo nombre a tus hijos o tú llevas el nombre de alguien más, hay maneras de significarlo positivamente. En este libro encontrarás muchas formas de reformular a lo positivo las tragedias familiares. Lo que es un peso puede convertirse en una bendición con los recursos adecuados. Por ejemplo, imagina que entre las personas que llevan el mismo nombre hay una conexión tan especial que el que está muerto los cuida y los bendice desde el lugar especial donde se encuentra. Piensa que es un honor llevar el mismo nombre y que estás libre de sufrir lo que esa persona vivió porque el dolor ya fue suficiente.

Esto hace que el hecho de que se repitan nombres en tu familia deje de ser algo negativo. De todas formas, me parece mejor que cada hijo lleve un nombre diferente que simbolice el lugar único y especial que tiene en la familia.

Medios hermanos

Se refiere a los hijos que sólo comparten la madre o el padre, pero no ambos. Es el hijo que se tuvo con una pareja anterior o en relaciones que suceden al mismo tiempo. En cada hijo viven ambos padres biológicos. Para darle un buen lugar al hijo hay que incluir a su padre y a su madre. Ése es el gran problema de los medios hermanos, no se quiere incluir al "otro" padre/madre. Esto lo explico más ampliamente en el apartado referente a tomar la energía de vida de los ancestros. La historia con la "otra pareja" carga de emociones el trato de ese hijo. Por eso, lo común es tratar de compensarlo dándole un lugar inadecuado, a veces por encima de los hijos que comparten ambos padres, a veces por debajo de ellos.

Ambas opciones dañan porque no es un lugar digno, en el que se le respeta por lo que es y por el otro padre/madre que tiene. Si el padre o la madre de ese hijo genera vergüenza o culpa, su hijo lo carga. Si hay enojo contra su padre o madre, el hijo recibirá las agresiones. Si el padre o la madre de ese hijo está ausente por alguna historia triste, se le tratará con lástima. Ese hijo no es "igual" a los demás hijos por su origen, pero es igual en valor y merece que se le respete en su linaje real, sin negar su origen.

Se incluye a un medio hermano cuando se incluye a su padre o a su madre, es decir, se reconoce que ese padre o esa madre también es parte de la familia. El gran problema para hacerlo son las historias y sentimientos enredados en relación con el padre o la madre del medio hermano. Y cada vez que miran a ese medio hermano, miran a su padre/madre y todos estos sentimientos se detonan. Por eso, muchos prefieren olvidar que ese padre/madre existe y lo niegan. Al negarlo, le hacen daño al medio hermano y lo excluyen porque si no respetan a su padre/madre tampoco lo respetan a él. En ese medio hermano viven sus padres biológicos, ambos, aunque alguno de ellos no esté presente o no creas que lo merezca. Incluirlo es una muestra de amor hacia el medio hermano.

Hijos dados en adopción

Esto generalmente es un secreto y no lo saben ni la pareja ni los hijos. ¿Cómo puedes incluir a alguien que no sabes que existe? Si tu pareja, alguno de tus padres o ancestros dio un hijo en adopción, dependes de que te lo digan, y sin querer lo estás excluyendo. Si tú lo diste en adopción, lo recuerdas frecuentemente y te preguntas cómo será su vida, probablemente sientes culpa, remordimiento, inquietud, nostalgia o algo por el estilo. Todo esto carga negativamente la herencia familiar invisible.

¿Y qué pasa con los hijos adoptivos? Pertenecen a su propia familia biológica. El problema es que sus padres adoptivos les dan el lugar de hijos biológicos y, sin querer, excluyen a sus propios hijos y a la familia biológica de los hijos adoptivos. Por ejemplo, una pareja quiere tener hijos y lo intenta varias veces, teniendo dos abortos naturales. Adoptan un hijo y finalmente logran tener un hijo propio. Sus hijos biológicos son tres: los dos abortos naturales y el que logró vivir. El hijo adoptado no pertenece al sistema familiar, pero le afecta al ocupar el lugar del hijo mayor, cuando ese lugar le pertenece al primer hijo abortado.

No se trata de hacer diferencias en el trato o en la cantidad de amor hacia tus hijos. En la práctica, un corazón generoso regala amor y cuidados por igual a los hijos adoptados, a los hijos de la pareja y a los hijos biológicos. Sin embargo, es importante dar el lugar que le corresponde a cada miembro del sistema familiar para que exista la paz y la armonía. ¡Lo mejor para un hijo es ser incluido en su familia biológica! Esto lo puedes lograr visualizando a los padres biológicos del hijo parados detrás y honrando esta imagen en tu mente.

El lazo permanece y en tu corazón viven todos los hijos de tu sistema familiar, los conozcas o no. Por eso, hay maneras de incluirlos, aunque no sepas si existen, y lo harás a su debido tiempo. Primero tienes que entender quiénes son todos los que pertenecen a tu familia. Para resolver algo, necesitas entender perfectamente el problema y el enredo en su tamaño real. Vamos paso por paso, ¡y lo estás haciendo estupendo!

Los padres y todos sus hermanos

De tus padres te viene la vida y ellos la toman de sus padres y de sus hermanos. La forma en que funciona es así: tus padres toman vida de sus ancestros y de sus hermanos mayores, se dan energía de vida uno al otro y se la pasan al primer hijo; el segundo hijo toma la vida de sus padres y de su hermano mayor; el tercer hijo toma la vida de sus padres y de sus dos hermanos mayores, y así sucesivamente. La energía de vida fluye de arriba hacia abajo, de ancestros a descendientes y de hermanos mayores a hermanos menores. Cuando tu padre, madre o algún tío no ocupan su sitio, el flujo de energía de vida se corta y no te llega.

Se le llama excluido al miembro que no ocupa su sitio en el sistema familiar y esto ocurre por muchas razones. Aquí te doy sólo algunas con relación a tus padres:

- Si tu padre o tu madre no están presentes porque murieron o abandonaron a los hijos.
- Si tus padres te dieron en adopción y has considerado a tu familia adoptiva como la única y la verdadera para ti.
- Si no tienes información de tu padre o de tu madre biológica.
- Si tu madre no aprueba a tu padre, tú no lo incluyes por amor a ella.
- Si tu padre no aprueba a tu madre, tú la excluyes por amor a él.
- Si tus padres no se toman el uno al otro porque desprecian a la familia de origen del otro, tú excluyes esa rama de tu linaje.
- Si tus abuelos paternos rechazan a tu madre, tú no tienes permiso de darle su lugar.
- Si tus abuelos maternos rechazan a tu padre, tienes que escoger entre darle el lugar a tus abuelos maternos o a tu padre.

Los enredos entre los padres y los abuelos los trato ampliamente en el apartado acerca de cómo tomar la energía de los ancestros. Por ahora solamente quiero que te des una idea de lo fácil que es excluir a tus padres y a sus hermanos y los efectos negativos que eso tiene para ti.

Tus tíos son excluidos cuando no los cuentas como iguales en la línea de hermanos de tus padres. Algunas razones para que esto ocurra son:

- No se llevan con tus padres.
- Murieron de pequeños.
- Se casaron y su pareja rechaza a la familia de origen.
- Son medios hermanos de alguno de tus padres.
- Si fueron abortados o dados en adopción, ni te enteras de su existencia.
- Cuando tienen alguna característica que genera conflicto para la familia, por ejemplo, homosexualidad, una enfermedad que provoca vergüenza (locura, sida, drogadicción) o cualquier manera de vivir que va en contra de los valores establecidos.

Tus padres y tíos pueden estar excluidos, aunque tu relación con ellos sea buena. Incluir a alguien no se refiere a llevarte bien con esa persona. Más adelante entenderás todo lo que implica. Ahora estás descubriendo cómo pueden existir huecos en tu sistema familiar y al reconocerlos estás comenzando tu proceso de sanación. ¡Abre tu mente y sigue aprendiendo!

Los abuelos y sus hermanos

Tomas la vida de tu madre, de tu padre y de tus hermanos. Tu madre y tu padre toman la vida de sus padres y de sus hermanos. Tus abuelos la toman de sus padres y de sus hermanos. Si alguno de ellos está excluido, ellos no toman la energía de vida completa y, por lo tanto, tú tampoco. Por cada miembro que falte, te llega menos energía de vida y ocurren otros enredos de los que hablaré más adelante. Pero como ya has identificado el problema, avanzarás en tu proceso de transformación.

Los bisabuelos y sus hermanos

Creo que hasta aquí el panorama está muy claro. Imagina una gran cascada que en lugar de agua lleva energía de vida, luminosa y brillante, con chispas de luz que tintinean como estrellas. Toda esa energía de vida te llega completa cuando cada miembro de la familia está incluido. Imagina que de tus ocho bisabuelos y de todos sus hermanos baja la energía de vida hasta tus cuatro abuelos y todos los tíos abuelos, y de cada uno de ellos pasa a tus padres y tíos. Todos reciben la energía de vida completa y la pasan completa, y se va sumando y multiplicando con cada miembro de la familia. Ahora tus padres te la pasan a ti y tú la recibes completa, tú la multiplicas también y la pasas y la recibes de tus hermanos, de acuerdo con el lugar que tienes en la familia. Este fluir de energía de vida está sucediendo de manera armoniosa y fácil, tan sólo al descubrir lo que significa incluir a tus padres y tíos, abuelos y tíos abuelos, bisabuelos y sus hermanos. Todos se integran y se incluyen, y cada uno ocupa su lugar ahora, aunque no los conozcas y sea algo nuevo para la familia. Cada miembro es bienvenido por todos los demás y se siente honrado de pertenecer a tu familia. Tú miras esta imagen con una sonrisa.

Los antepasados y sus hermanos

Tu sistema familiar sigue generación tras generación hasta los antepasados más lejanos. Cada uno toma vida de sus padres, hermanos y pareja para pasarla a sus descendientes. De esta forma va pasando la vida de generación en generación y en cada persona viven todos sus ancestros. Mira la siguiente tabla para que te des una idea de la cantidad de ancestros que viven en ti:

Yo	1
Papás	2
Abuelos	4
Bisabuelos	8
Tatarabuelos	16
Trastatarabuelos	32
6° generación ascendente	64
7° generación ascendente	128
8° generación ascendente	256
9° generación ascendente	512
10° generación ascendente	1 024
11° generación ascendente	2 048
12° generación ascendente	4 096
13° generación ascendente	8 192
14° generación ascendente	16 384
15° generación ascendente	32 768
16° generación ascendente	65 536
17° generación ascendente	131 072
18° generación ascendente	262 144
19° generación ascendente	524 288
20° generación ascendente	1 048 576
El total de ancestros:	2 097 150

Y en esta cuenta únicamente se calcularon los padres, no los hermanos porque en cada familia es distinto.

Cuando tus ancestros están incluidos, la energía de vida es abundante. Mientras más energía de vida hay, es mejor para ti y para tus descendientes. ¿Cómo incluyes a tus ancestros? Recuerda que el primer paso es reconocer el problema. En este momento ya eres totalmente consciente de cómo los tenías olvidados, o tal vez a una parte de ellos. A veces hay ramas del árbol genealógico desaparecidas.

Pon especial atención en quienes sufrieron una historia trágica, aunque sean lejanos. Sólo que la lógica de sistemas familiares, para algunas personas es bastante ilógica. Por ejemplo, se considera historia trágica tener demasiados hijos o no tener ninguno. Tener muchos hijos se considera trágico porque normalmente cuando esto ocurre, muchos de los hijos mueren y su madre queda débil o enferma. No tener hijos se considera trágico porque no pasa la vida en esa familia. Claro que las personas pueden compensarlo con una profesión que los llene de sentido, así la energía de vida es compartida a través de sus obras.

Otros ejemplos de historias trágicas son:

- Perder a los padres en la infancia.
- Abandonar a los hijos por causa de muerte, enfermedad, guerra o cualquier otra razón.
- Sufrir violaciones o abusos.
- Vivir en pobreza.
- Enfermedades.
- Abandono y soledad.
- Dolor físico y emocional.
- Suicidios.
- Muertes trágicas (muertes que se dan "antes de tiempo").
- Accidentes.
- Padecer alguna limitación física o mental.

Cuando un ancestro sufrió y los miembros de la familia no ven ni reconocen el dolor que padeció, esta historia se repite una y otra vez. La solución es reconocer lo que pasó, sin aumentarlo ni disminuirlo.

Mientras más sufrió un ancestro, más respeto debe recibir. El grado de respeto debe ser del grado del dolor sufrido. Reconocer las historias trágicas y darle un lugar a cada miembro de la familia es lo que te sana.

¿Cómo puedes saber a quién respetar si casi no conoces la historia de tus ancestros? ¿Cómo se miden el dolor y el respeto? ¿Cómo le harás para sanar a tu familia? Si te estás torturando con estas preguntas, inhala profundamente y exhala soltando cualquier ansiedad. Recuerda que en el Método Magui Block® hay tres movimientos para lograr un cambio positivo: identificas el enredo, es decir, aquello que te tiene atorado, identificas la solución y te transformas como por arte de magia.

Estás en el tema de incluir a tu familia, sigues en el primer paso, identificando lo que te ha tenido atorado. ¿Cuántos años tienes con este problema? Desde antes de que nacieras ya había ancestros excluidos, así que no hay prisa. Llegarás a la magia, ¡te lo aseguro!

La información que recibirás a continuación puede sorprenderte, pero si abres tu mente y tu corazón podrás integrarla con facilidad y alegría. ¡Vas muy bien!

Personas cuya desgracia benefició a la familia
Se refiere a todas aquellas personas que, a pesar de que no son familiares, su muerte o su desgracia fue una ventaja para alguien en la familia. Te cuento algunos casos reales:

Una señora enferma necesita atención médica. Su familia ya ha gastado todo el dinero que tenían y están dispuestos a conseguir más vendiendo el negocio, la casa y los dos automóviles. Eso es lo que han juntado en años de trabajo arduo, pero están dispuestos a perderlo por la salud de la persona que aman. Lo venden todo apresuradamente, su familiar está grave y necesita los tratamientos. Las personas que lo compran lo obtienen a un precio extraordinario. Imagina: un negocio funcionando a un precio increíble, una hermosa casa habitada con amor a un costo de regalo y dos autos en buen estado por una cantidad que no se consigue en ningún lado. Ellos ofrecieron y se los dieron. Fue una oportunidad y la aprovecharon, así son los negocios. Tal vez ni siquiera sabían por qué tenían urgencia de vender, al fin que no es problema de ellos, ¿o sí? Se cree que las desgracias de los demás no nos incumben y nos gusta comprar en oferta, ¡ésta es la fórmula perfecta para añadir carga a tu herencia familiar!

En los países europeos ocupados por nazis durante la Segunda Guerra Mundial, varias familias judías perdieron sus propiedades, bienes y dinero. Esas pérdidas para los judíos fueron ganancias para otras familias. Hay personas que disfrutan de esos bienes sin tener idea de los dueños originales ni de cómo fueron adquiridos.

Recuerdo una familia alemana en la que todos los miembros, menos una mujer, murieron trágicamente. Después de accidentes terribles y enfermedades mortales, la única descendiente viva tenía 55 años y estaba completamente sola. Eso sí, era millonaria. Cuando investigó se dio cuenta de que era millonaria gracias a un negocio que su abuelo había "comprado" de un judío antes de meterlo a un campo de concentración junto con toda su familia. La desgracia de esa familia judía fue la ventaja de la de ella, pero se pagó muy caro y generaciones después. Así funcionan los sistemas familiares: las historias trágicas de los miembros excluidos se repiten en otros miembros de la familia. Aparentemente dos familias que no tienen que ver se conectan cuando un miembro de una familia se aprovecha de la desgracia de la otra. Si hay intención de dañar pesa todavía más, pero de cualquier manera existe un vínculo. La familia alemana terminó desapareciendo tal y como sucedió con la familia judía.

¿Qué puedes hacer? Lo obvio es dejar de sacar provecho del sufrimiento ajeno, sin embargo, lo hacemos sin darnos cuenta. Te pongo un ejemplo personal:

Vivo en México y mi nivel económico me permite tener una empleada para ayudarme con las tareas del hogar. En salario, una hora de mi trabajo equivale a veinticinco horas del suyo. Así de grande es el desequilibrio en ingresos que se acostumbra. Por muchos años pensé y sentí que me aprovechaba de la desgracia de la empleada que me ayudaba en casa. ¿Cuál era el resultado? Cada empleada que tuve me robaba.

Mi pensamiento hacía que se "emparejaran" y me quitaban lo que consideraban suyo. ¿Por qué? Porque yo no las estaba honrando. Cuando tú honras a una persona la tratas con dignidad y reconoces lo que en esta vida le toca vivir. También respetas lo que te toca vivir a ti. Tú no puedes equilibrar todas las injusticias del planeta Tierra. Desde el momento en que lo entendí, disfruto de una excelente y honesta empleada, quien tiene un sueldo superior al del mercado. Las dos nos sentimos en equilibrio, ninguna se aprovecha de la otra. ¿Entiendes la diferencia?

Dejar que cada quien cargue su situación de vida, aunque sea difícil, es darle su lugar y honrarlo. Aprovecharse de esa desgracia obteniendo un beneficio, es diferente. Así que mira a las personas que te rodean sintiendo un profundo respeto, sin tratar de compensarlas por lo difícil que sea o haya sido su vida. Lo estás haciendo muy bien. ¡Te felicito!

Personas que dejaron un lugar libre para alguien más
Se refiere a aquellas personas que dejaron el lugar libre para que alguien en la familia lo ocupara. Por ejemplo, las parejas anteriores de tus padres, abuelos y demás ancestros.

¿Cómo incluimos a esas personas? ¡Es muy fácil! Mira cómo lo hago: mi padre y su novia terminaron su relación para que él se fuera a París a estudiar. Ahí conoció a mi madre. La primera novia de mi padre dejó el lugar libre para que llegara mi madre y naciera yo. Agradezco y honro a la primera novia de mi padre porque hizo el espacio en la vida de mi padre para que yo naciera.

La primera novia de mi padre pertenece a mi familia y yo la reconozco en su sitio. También imagino que mi madre la reconoce como la primera pareja de mi padre. Es más sencillo de lo que pensabas, ¿verdad? Lo único que haces es tomarlas en cuenta y reconocer que gracias a que ya no están, tu familia es tal como es. Forman parte de la historia de tu familia, pertenecen al sistema y hasta que se incluyen el número está completo.

Tus parejas anteriores y las exparejas de tu pareja también forman parte de tu familia. Gracias a que no funcionaron esas relaciones, tú y tu pareja están libres para estar juntos. Y, si no tienes pareja, de todos modos, incluye a tus parejas anteriores, de esta manera te abres a una nueva historia sin cargar lo que es de otros, así que bendícelos, agradece que ya no están y dales un buen sitio. Todas las parejas anteriores pertenecen al sistema familiar y gracias a que se fueron se formaron parejas nuevas que trajeron vida y bienestar.

¿Quién cuenta como pareja? Algo que define una relación de pareja es el vínculo sexual, independientemente de si ese contacto sexual te parece importante o no. Si hubo tantos que son imposibles de contar, toma las significativas para ti utilizando la lógica de sistemas familiares. Te la explico: lo que más pesa son los temas de vida o muerte, por eso es importante contar a las parejas con las que hubo embarazos, hayan nacido, muerto o sido abortados. Si hubo una relación violenta, independientemente de su duración, es importante incluirla. Cuenta la relación en la que tú o la otra persona terminaron resentidos. Hay una tendencia a contar únicamente las relaciones de pareja que te parecieron importantes, pero las que tienen un gran peso familiar son las que no cuentas, las excluidas. Si tienes duda, mejor cuéntala como tu pareja e inclúyela en la familia, eso es mejor a repetir una historia que no funciona. Tan sólo por reconocerlas como parte de tu historia dejan de repetirse. ¡Lo que aprendes bien no se olvida!

Cuando hay una larga historia de parejas es difícil contarlas. ¿Cómo hacer cuando no te sale la "cuenta"? ¿Qué hacer cuando no conoces a las parejas de otros miembros de la familia? Es suficiente que reconozcas que son parte de la familia todas aquellas personas que hacen un lugar para que otra persona llegue. Esa actitud es la que incluye y cumple las leyes del sistema familiar. ¡A veces no los podemos contar! Y lo importante no es el número, es la actitud de respeto lo que hace que pertenezcan y que haya paz.

Imagina que estás comiendo en un restaurante y no saludas a un miembro de tu familia porque estás mirando hacia la ventana, tu familiar entiende que no lo saludas porque no lo ves. Ahora imagina que lo miras directamente pero tu actitud es como si no perteneciera a la familia, tu familiar se siente resentido. Lo mismo aplica en la actitud de incluir o excluir. Si tú miras a una persona, como la amante del abuelo, pero no la tratas como si fuera de la familia, se resiente y carga de peso la herencia familiar.

Lo que te sana es la actitud interna de "honro a todos los que pertenecen a mi familia, aunque no sé quiénes son, en mi corazón tienen un buen lugar". ¡Y tu corazón se expande al incluir a todos los miembros de tu familia!

Perpetradores de alguien de la familia

Un perpetrador es alguien que comete un delito. Es quien daña a alguien de la familia en sus bienes o en su persona, se trata de un perpetrador que pertenece al sistema familiar. Mientras mayor sea el daño que causa, más afecta el que se le excluya. Recuerda que lo que estamos evitando es que se repitan las historias trágicas. Cuando incluyes en la familia a alguien que les hizo daño, el mensaje es: "Te doy un lugar porque lo que hiciste fue muy grave y nadie lo debe cargar más que tú".

Entonces imaginas al perpetrador cargando su paquete, lo que hizo, cien por ciento responsable de sus acciones. Si no le das un lugar porque alguien tan malo no merece pertenecer a la familia, ¿quién va a cargar el daño que hizo? Otra persona se va a responsabilizar y como esto no funciona, la historia se va a repetir. Solamente cuando el que comete el delito reconoce la gravedad de sus acciones puede cargar su paquete. Tienes mucho poder con tu mente, así que vamos a utilizarla a tu favor. Imagínalo incluido, tú y todos aceptan que forma parte de la familia y le dan un lugar importante, mientras más daño hizo, más importante es el sitio que le dan. El perpetrador lo asume y esto representa que carga su responsabilidad completa. Y luego mira a la víctima y a todas las personas que dañó con sus acciones, las mira y las mira, y se siente avergonzado de lo que hizo. Se da cuenta del daño que causó y lo lamenta. Incluyes al perpetrador, él toma su sitio en la familia, carga el peso de sus acciones y lamenta profundamente lo que hizo. Ésta es la imagen ordenada y ahora la has integrado. Esta imagen ordenada se multiplica hasta incluir a todos los perpetradores de tu sistema familiar. Cada perpetrador es incluido en la familia, asumiendo su responsabilidad, mirando a la víctima y expresando su lamento. ¡Te felicito! Has hecho un trabajo extraordinario.

Más adelante entenderás mejor sobre los perpetradores y las víctimas. Por lo pronto, estás incluyendo a todos los que han dañado a alguien de tu familia y liberándote de lo que a ellos les corresponde. Te lo mereces y lo haces por ti y por tu familia. ¡Vas muy bien!

Víctimas de alguien de la familia

Son aquellas personas que recibieron un daño por parte de alguien de la familia, independientemente de la intención. Por ejemplo, hay un accidente en la fábrica de la familia y varios empleados resultan heridos o muertos, esas víctimas y sus familias pertenecen ahora al sistema familiar y necesitan ser honradas. Tal vez un abuelo participó en una guerra y trae una medalla; en el pueblo lo consideran un héroe, pero posiblemente mató a varios enemigos, ¿no crees? Esas víctimas pertenecen al sistema familiar. Si uno de los tíos resulta un pederasta, aquellos niños abusados también forman parte de la familia.

Cuando incluyes a las víctimas, dejas de repetir historias y vas por el mundo sintiéndote a salvo. Imagina a todas las víctimas de tu familia siendo incluidas y tratadas con un gran respeto. Sus perpetradores las miran y les dicen "lo siento", ellas miran a sus perpetradores y reciben el lamento de sus agresores. Algo se tranquiliza dentro de su corazón. Ahora hay paz en tu familia. Las víctimas han sido incluidas. ¡Y tú también puedes sentirte en paz!

El trabajo para sanar víctimas y perpetradores es muy profundo y lo conocerás en el apartado sobre los ciclos de violencia.

Mientras tanto, puedes estar satisfecho de saber que las víctimas tienen un buen lugar y que su historia ha concluido. ¿Por qué? Porque has creado esa imagen en tu mente. Y ya después harás lo que sigue.

¿Cómo incluyo a alguien en mi familia?

Ya tienes la lista de todos los que deben ser incluidos en la familia. Cuando dejas fuera a alguien, esa persona está siendo excluida de tu sistema familiar.

Se consideran excluidos a aquellos miembros de la familia a quienes se les niega la pertenencia al sistema, la honra y la igualdad en rango. Veamos con detalle cada uno:

- **La pertenencia al sistema.** Reconocer que son parte de la familia. A veces los desconoces porque no sabías que eran parte o porque no los conoces.
- **La honra.** Se refiere a tratar con respeto. Cada miembro debe ser honrado, es decir, respetado en lo que le toca vivir. Mientras más trágica es su historia de vida, más respeto deben recibir. Excluyes a los miembros de tu familia cuando no los tratas con el debido respeto de acuerdo con lo que han vivido, ya sea devaluando su dolor o sintiendo lástima por ellos.
- **La igualdad en rango.** Tienen que tener la jerarquía que les corresponde con relación al lugar que ocupan en la familia. Los excluyes cuando no los respetas en el lugar que ocupan dentro del sistema familiar. Por ejemplo, una pareja tiene que tener la misma jerarquía que las demás parejas. Un hermano tiene que recibir el mismo respeto que los demás hermanos.

Es común que haya miembros excluidos en una familia sin que los demás se den cuenta. Por ejemplo, un hermano que nace con alguna discapacidad y para algunos hermanos es como si no existiera, para otros sí pertenece, pero no tiene el mismo rango que los demás hermanos, otros más pueden sentir lástima por él. No saben qué hacer con ese hermano. Cuando hay un movimiento sanador y la imagen interna hacia ese hermano cambia, los demás hermanos tendrán claridad en las acciones concretas y correctas a realizar. Se incluye al hermano discapacitado en la línea de hermanos, como un igual en rango y honrándolo mucho más que a los otros, porque su historia de vida es pesada. Cuando los hermanos hacen esto, hay paz en la familia.

Esto aplica a cada miembro de la familia. Necesitas incluir haciendo esto con cada uno: saber que pertenece, honrándolo de acuerdo con su historia y dándole el rango que tiene. ¿Cómo? Ya tienes la lista de todos los que pertenecen a tu familia y has creado imágenes sanadoras en tu mente para incluirlos, honrarlos y darles el rango correcto. Al final del capítulo lo aterrizarás uniendo tu mente, tu cuerpo y tu emoción.

Durante todo el libro aprenderás más herramientas. ¡Lo estás haciendo increíble!

Y ahora te voy a dar un gran motivador.

¿Qué pasa cuando no incluyes a todos?

Cuando un miembro del sistema familiar es excluido, otro miembro del sistema siente un tirón y necesita hacerle un lugar dentro del sistema. Es como el ejemplo del *tour*. Llevan meses viajando juntos, algunos turistas han establecido vínculos entre ellos y de repente uno no llega al autobús. Los que sienten un vínculo especial con ese miembro del grupo sentirán un tirón y no se quedarán tranquilos hasta que el que falta ocupe su lugar. Si en tu familia alguien falta porque está excluido, algunos miembros sentirán un tirón y se identificarán con el que no está.

Una identificación familiar es cuando un miembro, de manera inconsciente, carga con el miembro excluido y repite su historia. El objetivo de esto es que el miembro excluido sea incluido. Lo que se busca de manera inconsciente es que se le dé la pertenencia, se honre lo que vivió y se le respete en su rango. El problema es que todo esto se hace de manera inconsciente, por amor ciego. El vínculo con ese miembro de la familia es invisible: no se ve pero se siente.

Cuando una persona se identifica con un miembro excluido, lo hace en alguna de las siguientes dinámicas:

- **Yo te sigo.** En esta dinámica se repite la misma historia que la del excluido. Por ejemplo, en el caso de una tía que nunca se casó, la sobrina que está identificada con ella tampoco se casa.

- **Yo lo hago en vez de ti.** En esta dinámica, la persona que se identifica quiere salvar al excluido y hace lo que el otro no pudo. Por ejemplo, el niño percibe que su papá se va a enfermar y él se enferma primero. Aquí existe la ilusión en el hijo de que al enfermarse él salva a su padre y le da un lugar en la familia. Otro ejemplo, la abuela se casa y tiene un montón de hijos, pero quería estudiar y viajar por el mundo, la nieta tiene un doctorado, triunfa profesionalmente y viaja mucho, pero no se casa ni tiene hijos, así que inconscientemente está cumpliendo lo que deseaba hacer su abuela. El problema no es que la nieta no se case ni tenga hijos, lo que daña es que lo haga por estar identificada con su abuela, sin ser libre de elegir, aunque parezca que sí.

- **EXPIACIÓN.** El que se identifica y se sacrifica sufriendo lo mismo que padeció el miembro excluido, aunque externamente no haya razón. Un ejemplo de esto sería el de un bisabuelo que sufrió pobreza y hambre. Si bien el nieto tiene dinero y comida en abundancia, no los disfruta, sino que come con ansiedad, vive trabajando y preocupado por las finanzas, como si fuera pobre. De esta forma le da un lugar a su ancestro.

Las identificaciones generalmente se dan en los primeros años de vida, antes de los siete años, por eso marcan tanto a una persona. ¿Imaginas crecer cargando la historia de otra persona? ¿Qué tan libre puedes ser para elegir lo que quieres vivir? Por esta razón hay cambios muy positivos cuando incluyes a todos los que pertenecen a tu familia y los honras en su historia y en el rango que tienen. Con esta nueva conciencia, ¡lograrás una profunda transformación!

Aplica el Método Magui Block® para incluir a todos

Utiliza el método para lograr un cambio positivo. Ya hiciste el primer paso: identificar el enredo. Con todo lo que has aprendido, ya sabes que hay miembros de tu familia excluidos. El segundo paso es identificar la solución: incluirlos. Durante la lectura creaste imágenes que fueron transformando lo que ocurre en tu familia y ahora aterrizarás el trabajo realizado para lograr la magia.

Adopta la postura física correcta, evoca el amor y repite la frase en voz alta.

La postura física correcta:

- Cuerpo erguido, imaginando que tu cabeza toca el cielo y tus pies están firmes en la tierra.
- Centrado y relajado, con tu corazón y tu mente cristalinos.
- Tus manos, una sobre la otra, en el ombligo, imaginando que se conectan con el espacio que está cerca de tu columna vertebral por dentro de tu cuerpo. (Si eres mujer, pon la palma de la mano derecha en tu ombligo y la palma de la mano izquierda sobre el dorso de la mano derecha. Si eres hombre, pon la mano izquierda en tu ombligo y la palma de la mano derecha sobre el dorso de la mano izquierda.)

Evoca el amor:

- Recuerda tus ganas de sanar y sonríe.
- Siente aprecio por ti mismo.
- Agradece el momento.

El poder de la palabra:

- Expresa en voz alta la frase.
- Escucha cómo lo dices y repítelo hasta que lo puedas decir con facilidad.

Ahora, con la postura correcta, evocando el amor, repite en voz alta con firmeza:

Incluyo a todos quienes pertenecen a mi familia.
Todos están incluidos.

Todos pertenecen.

El número está completo.

Aunque no los conozca, ahora los incluyo.

Incluyo a todos los hijos: los abortados, los muertos, los nacidos muertos, los medios hermanos y los dados en adopción.

Incluyo a mis padres y a sus hermanos.

Incluyo a mis abuelos maternos y a sus hermanos.

Incluyo a mis abuelos paternos y a sus hermanos.

Incluyo a los bisabuelos maternos y a sus hermanos.

Incluyo a los bisabuelos paternos y a sus hermanos.

Incluyo a mis antepasados y a sus hermanos.

Incluyo a todas las personas cuya desgracia benefició a la familia, los honro, aunque no sepa cómo sucedió y lamento su desgracia.

Incluyo a todas las personas que dejaron un lugar libre para alguien más.

Incluyo a todas las parejas que he tenido y dejo de repetir historias de dolor.

Incluyo a las parejas que mi pareja ha tenido.

Incluyo a las parejas de los miembros de mi familia.

Incluyo a los perpetradores, a todos aquellos que han dañado a alguien de la familia.

Incluyo a las víctimas, a todos aquellos que han sido dañados por alguien de la familia.

Ahora incluyo a todos los miembros de mi familia y hay paz.

El número está completo.

Todos pertenecen y son honrados.

Honro sus historias de vida.

Les doy el lugar que tienen en la familia y los honro en su rango.

Y las historias dolorosas han terminado.

Incluyo a todos los miembros de mi familia y hay paz.

El número está completo.

Todos pertenecen y son honrados.

Honro sus historias de vida.

Han terminado las historias dolorosas.

Todos están incluidos en mi familia y hay paz.

El número está completo.

Todos pertenecen y son honrados.

Honro sus historias de vida.

Y el dolor ha terminado.

Así es, hecho está.

CLAVE #2: PON A TU FAMILIA EN ORDEN

Una familia está en orden cuando sus miembros ocupan el lugar que les corresponde y desempeñan su función. Imagina una orquesta: antes de la presentación al público, cada músico ocupa su lugar, toma su instrumento, mira su partitura y se prepara para tocar en el momento correcto la parte que le corresponde. Cada quien tiene la partitura específica para el instrumento que posee. Los miembros están acomodados dentro del grupo para que el sonido se escuche maravillosamente. Todo tiene un orden y una razón, aunque sólo la conozcan los que saben de orquestas. Para que haya armonía, cada músico tiene que aceptar su sitio dentro del sistema y tocar la partitura que le toca.

Lo mismo sucede en una familia ordenada. Cada miembro ocupa su lugar y se encarga de la función que le corresponde.

Esto se vuelve complejo porque el lugar y la función cambian dependiendo del vínculo.

Por ejemplo, en su familia Jessica ocupa los siguientes lugares: la hija de sus padres, la esposa de su pareja, la madre de sus hijos, la hermana menor de su hermano mayor y la hermana mayor de su hermano menor. En cada uno de estos roles tiene una función diferente. Para que su familia esté en orden, ella solamente puede ser lo que es en cada relación. Pero en la práctica, Jessica encuentra mucho más difícil ser lo que es que hacer lo que le piden. Cuando su padre tiene un evento de esos que le chocan a su madre, ella lo acompaña, entonces, en lugar de ser la hija de su padre, ocupa el lugar de la pareja. Esto sucede con frecuencia, así que adopta ese rol. Sin embargo, Jessica necesita ser la hija de sus padres porque ése es su lugar. Como tiene ese hueco desde la infancia, con su esposo se coloca en el rol de la hija y trata de recibir lo que no recibió de sus propios padres. ¡Le hace unos tremendos berrinches cuando él no le compra lo que quiere! Al hacer esto, se pone en el lugar de hermana de sus hijos y no tiene la autoridad para educarlos. Y tampoco puede llevarse bien con sus hermanos porque se pone por encima de ellos, como si fuera su madre.

Al momento que te sales de tu lugar dejas de hacer tu función y todo se te complica. ¡Y lo peor es que también se lo complicas a los demás! Porque ningún miembro puede ocupar su sitio tranquilo mientras alguien está tratando de quitárselo o de decirle cómo debería de estar haciendo las cosas.

Para poner a tu familia en orden necesitas comprender cuáles son los elementos que lo determinan, cómo y por qué te desordenas, qué pasa cuando esto sucede y cómo lograr solucionarlo. ¡Lo aprenderás rápida y fácilmente aplicando el Método Magui

Block®! Recuerda que una familia está ordenada cuando cada miembro ocupa su sitio y hace sólo lo que le toca.

Los elementos del orden

Hay tres elementos que se toman en cuenta para ordenar a la familia: el tiempo, la función y el peso anímico que tiene cada miembro dentro del sistema. Estos tres elementos se combinan para crear el orden perfecto.

Tiempo
Hay dos criterios en relación con el tiempo.

1. Primero en tiempo, primero en derecho.

El primero que llega al sistema es el que tiene más derecho y obligaciones.

- UNA PAREJA SE FORMA Y LUEGO VIENEN LOS HIJOS. En una familia ordenada, la pareja tiene tiempo para nutrirse y reconocen sus espacios íntimos. En una familia desordenada, los hijos se anteponen a la pareja y ocupan tanto espacio que la relación de pareja queda drenada. Esto equivale a poner a los hijos en medio de la pareja, aparentemente protegidos y sostenidos por sus padres, como cuando la pareja camina por un parque llevando a su hijito de la mano entre ellos. Se ve lindísimo y es una convivencia agradable, pero sólo para caminar en un parque. En la vida, la pareja debe ir caminando de la mano, sin nadie en medio, ni siquiera sus hijos.

Manuel es el primer hijo de Patricia y Marco. Les gusta dormir con él y les parece mucho más cómodo tenerlo en su cama para calmarlo cuando se despierta por las noches. Lo han hecho desde que nació y les ha funcionado. Manuel ya tiene 7 años, la misma cantidad de años que el matrimonio lleva sin relaciones sexuales. Éste es uno de los "precios" que paga la relación de pareja al desordenar el sistema familiar. Pero el "precio" que paga el hijo es peor. Manuel sufre muchos miedos y es el motivo por el cual vienen a mi consulta.

Cuando los padres ponen a sus hijos por encima de su relación de pareja, los hijos sufren porque cargan a sus padres. Sobre esto seguirás aprendiendo más adelante. Por ahora, entiende el criterio de que el que llega primero al sistema familiar tiene más derechos y obligaciones que los que vienen después. Esto tiene una razón y la descubrirás muy pronto.

- **EL PRIMER HIJO TIENE MÁS DERECHOS Y OBLIGACIONES QUE EL SEGUNDO.** En una familia ordenada, los hermanos respetan la jerarquía que les es dada de acuerdo con el orden de llegada, buscando lo mejor para todos. El hermano mayor vela por los intereses de los hermanos menores, respetando a cada uno. En una familia desordenada, alguno de los hermanos se pone por encima de los demás, quiere mandarlos, pisarlos o asumir derechos que no le corresponden.

2. Las relaciones presentes tienen prioridad sobre las anteriores.

Es vivir en el "aquí y ahora" en tus relaciones y dejar el pasado atrás.

- **LA SEGUNDA Y ACTUAL PAREJA PREVALECE SOBRE LA PRIMERA PAREJA.** Juan tiene tres hijos con Sandra, se divorcia, y luego se casa con Verónica. La relación de pareja con Sandra ya dejó de existir. Su pareja actual es Verónica y es la única que debería ocupar ese lugar.

  Aquí se combinan los dos criterios: *primero en tiempo, primero en derecho* y *relaciones presentes tienen prioridad*. Verónica es la pareja de Juan, sin embargo, antes que llegara Verónica a la vida de Juan, están sus tres hijos. Sandra es la madre de sus hijos y, por lo tanto, sigue presente ocupando ese lugar en la vida de Juan. Si Sandra reconoce que su lugar es como la madre de los hijos de Juan y ya no es su pareja, podrá tener una buena relación con él y con Verónica. Si Verónica respeta que ella sólo es la pareja de Juan y no la madre de sus hijos, Sandra se sentirá honrada y segura en su sitio. Juan necesita reconocer el lugar de cada quien, de lo contrario se sentirá tironeado entre cada miembro del sistema. Si Juan cree que cuando Sandra lo busca es porque lo desea como pareja, estará a la defensiva y no podrá hacer equipo con ella por el bien de los hijos. ¡El orden es sencillo cuando cada quien sabe cuál es su lugar y el de los demás!

- **LA FAMILIA ACTUAL SOBRE TU FAMILIA DE ORIGEN.** Tu familia de origen son tus padres, tus hermanos y tus ancestros. La familia actual se refiere a tu pareja y tus hijos. De tu familia de origen recibes la vida y la pasas a través de tu familia actual. Tus padres son importantes, pero tu compromiso mayor está con tus hijos.

  Mariana desea casarse y formar su propia familia, pero su madre enviudó y está muy sola. Cada vez que Mariana inicia una relación de pareja, su madre se enferma. ¿Qué debería hacer Mariana? Para saberlo, necesitas aprender el segundo elemento para poner orden en tu familia.

Función

Este segundo elemento del orden se refiere al rol que juega el miembro dentro del sistema (pareja actual, hijo, madre, padre, hermano mayor y pareja anterior). Hay orden cuando los miembros de una familia juegan el rol que les corresponde. Si volvemos al ejemplo de la orquesta, cada músico debe tocar su instrumento.

Siguiendo el ejemplo anterior, ¿por qué se enferma la mamá de Mariana cuando su hija tiene novio? Porque ocupa el rol de su pareja y la idea de volver a perderla le duele mucho. ¿Y qué puede hacer Mariana? Lo que debe hacer es ocupar el rol de la hija y aceptar que el rol de la pareja de la madre está vacío. Si la madre se siente sola puede abrirse a formar una nueva relación, pero ese hueco jamás se llenará si Mariana lo sigue ocupando. Mariana es únicamente la hija y por más que intente no puede ocupar un rol diferente al suyo, aunque adora a su madre y quiere hacerla feliz. Ayuda más a su mamá al hacer la vida que desea. Si se quita del rol de pareja, la madre tendrá que hacerle frente al vacío y decidir si vive sola o con una nueva pareja. ¡El orden es fácil cuando cada quien sabe cuál es función y la hace!

¿Cómo manejar el dolor que dejan los lugares vacíos en la familia? Esto nos lleva al tercer elemento para poner orden en tu familia.

Peso anímico

El peso anímico se refiere a la madurez del alma de una persona. El peso anímico se obtiene por las experiencias de la vida al encarar el dolor de las pérdidas y de las historias difíciles. Ganas peso anímico cuando asumes lo que te ha tocado vivir, llevándolo con dignidad, sin victimizarte y haces algo bueno con tu vida. El peso anímico también se obtiene por tomar y honrar a los padres, como verás en el apartado de tomar la energía de vida de tus ancestros.

Estos tres elementos, tiempo, función y peso anímico, tienen como objetivo que cada miembro ocupe su lugar dentro del sistema y sea honrado. Esta jerarquía se observa en la actitud interna y en el trato que reciben los miembros. En ningún momento se refiere al valor de las personas o al tiempo o dedicación que reciban. Por ejemplo, aunque un hijo sea el último en la jerarquía, si es un niño pequeño requerirá más atención y cuidados que un hijo mayor.

¿Cómo y por qué se desordenan las familias?

Una familia se desordena cuando:

- UN MIEMBRO SE SALE DE SU LUGAR Y DEJA DE HACER SU FUNCIÓN. En el ejemplo de la orquesta esto equivale a que un músico deje vacío su sitio y su instrumento por ahí tirado.
- UN MIEMBRO TOMA EL LUGAR DE OTRO, TRATANDO DE ASUMIR UNA FUNCIÓN QUE NO LE TOCA. En el ejemplo de la orquesta esto equivale a que un músico tome el lugar de otro músico y le quite su instrumento. Puede ser que intente tocar su instrumento y el del otro músico, brincando de un lugar a otro, tratando de cumplir con lo que debe tocar en ambas partituras de música. También puede ser que suelte su instrumento por tocar el otro.

En ambos casos, todo el sistema familiar resulta afectado. Cuando un sitio queda vacío, todos sienten el hueco y un tirón para llenarlo. Al hacerlo se salen del lugar que les pertenece y hay todavía más desorden porque varios miembros pretenden llenar el mismo hueco. El problema es que la única persona que lo puede llenar es el dueño original. Aunque varios dejen su lugar y traten de llenar el hueco, nadie tiene la capacidad de hacerlo. Cada miembro de la familia es como una pieza de rompecabezas, cortada de manera única. Sólo una pieza encaja en ese sitio. Puedes intentar con muchas piezas, pero la única que va a quedar es la que tiene la forma exacta. Así sucede con los miembros de una familia, exclusivamente el miembro original puede ocupar su sitio y hacerse cargo de la función que le corresponde.

Vamos a analizar cada caso, porque el primer paso para sanarte es identificar bien el enredo, luego será muy fácil transformarlo.

Un miembro se sale de su lugar
Sucede por muchas razones, entre ellas porque se muere, se va, siente que no puede con el paquete, no le gusta su lugar o su función y no lo asume. ¿Te sorprende? Imagina una adolescente que se embaraza cuando recién empieza a divertirse, ¿tú crees que quiere ser mamá y cuidar a un hijo? Puede ser que sí o que no, tal vez asuma su lugar de madre volviéndose de golpe una adulta responsable o puede ser que tenga al hijo y siga divirtiéndose sin asumir su lugar de madre.

¿De qué depende que puedas o no asumir tu lugar? Básicamente del libre albedrío, pero si tu herencia familiar invisible es tan pesada no eres realmente libre para elegir puesto que sin darte cuenta puedes estar ocupando otro sitio y encargándote de la función de alguien más. Estos roles que adquieres en tu infancia no te permiten tomar el lugar que te corresponde ahora. Es una fantasía creer que puedes ocupar tu sitio y hacerte cargo de tu función si también tomas el lugar de otra persona.

Un miembro toma el lugar de otro

Hay situaciones en las que te sientes obligado a asumir una responsabilidad o un rol que no te toca. En ese momento, sientes o crees que lo correcto es hacerte cargo y lo haces por amor a tu familia. Te sientes bien cuando lo asumes. Si te negaras, te sentirías muy mal contigo mismo y te entraría una culpa terrible. Esto es lo que te sucede y que hace que tomes el lugar de otro miembro de la familia. De lo que no te das cuenta es de cómo te afecta lo que haces y de cómo afecta a los demás miembros. Cuando lo entiendas, te aseguro que lo harás diferente.

Arturo tenía 14 años cuando murió su padre. Aunque es el menor, es el único varón. Quedan sus dos hermanas mayores y su madre, a quienes él considera desvalidas y asume el lugar del "hombre de la casa". Todo mundo reafirma su rol en el funeral. ¿Fue libre para elegir? Ahora Arturo tiene 30 años y está en crisis. Perdió a su novia porque no se sintió listo para casarse. ¿Por qué no puede casarse? Por el lugar que está ocupando en su familia de origen: es la pareja de su madre y el padre de sus hermanas. Por eso no puede comprometerse con otra mujer ni tener hijos propios.

Cuando un padre o una madre muere o se va, lo común es que algún hijo ocupe ese rol. A veces es evidente que vive el rol de padre o madre de sus hermanos porque mantiene la casa y/o los atiende. Lo que generalmente no ven es cómo se hacen pareja del padre o la madre que queda soltera. ¿Por qué pasa esto? Por amor. Sin embargo, es amor ciego y para sanar hay que transformarlo en amor sabio. Así que hay que entender perfectamente cómo funciona el amor ciego cuando desordena la familia.

Cuando un padre muere, el hijo siente su vacío y el dolor de su madre y hermanos. Siente a su madre débil y a sus hermanos pequeños también. Alguien tiene que apoyar a la familia y hacer las funciones del padre: dirigir y proveer. Cuando un miembro de la familia se siente más fuerte que los demás, y cree que puede hacerse cargo mejor que ellos, se sacrifica por amor ciego. Cree que lo que hace le da alegría al padre muerto (dondequiera que se encuentre) y a su madre. Sólo cuando el hijo siente que la madre y sus hermanos tienen fortaleza, no los carga y se queda en el lugar que le corresponde.

En una orquesta, si un músico cambia de sitio, se lleva su instrumento y lee otra partitura, ésta no funciona. Tocarían la pieza desordenadamente y sonaría horrible. De igual manera, si un miembro de la familia se sale de su lugar, su lugar queda vacío y alguien más se saldrá de su sitio al sentir la necesidad de llenar ese hueco. Si un miembro de la familia no hace lo que le corresponde, alguien más lo tiene que hacer. Eso crea caos en el sistema, ¡el mismo caos que habría en una orquesta si los músicos cambiaran de sitio!

Si tomas el lugar de otra persona, no podrás ocupar el tuyo
Existe esta idea loca de que se puede con todo, sólo es cuestión de ponerle ganas. Hay un montón de afirmaciones que lo prueban: "El amor todo lo puede". Estoy de acuerdo, pero aplicado a sistemas familiares, ¿estás hablando de amor sabio o de amor ciego? Porque el amor sabio acepta que cada quien tiene su lugar en la familia con la función específica de lo que le toca vivir, y en el amor ciego, por "amor" quieres ahorrarle la tarea.

Te recuerdo que en realidad no le ayudas al que amas, sólo multiplicas el dolor y no dejas que aprenda. Además, tú tampoco aprendes porque tienes tu lugar y tu rol y si tomas el de otro miembro, no vivirás tu vida desde tu lugar, que es el único que tienes.

Cuando enfrentas una situación difícil, surgen muchas preguntas: ¿Cuál es tu sitio?, ¿de qué tienes que hacerte cargo?, ¿dónde está el límite sano? ¡Y esto es lo que puede llegar a ser muy complicado! Cuando hay un problema en la familia, con un miembro o con varios, ¿hasta dónde es apropiado participar?, ¿hasta dónde hacerte a un lado?

Por ejemplo, la madre se hace anciana, son varios hijos, pero nada más uno es el que ve por ella. Lo ordenado sería que cada hijo participara ayudando a cuidarla, ése es el rol y la función que les toca. Sin embargo, en la práctica las funciones se dividen entre los que están disponibles. Si el único que participa dejara de hacerlo, ¿qué pasaría con la mamá? Este hijo se siente contra la espada y la pared. Tal vez no tiene la conchudez de sus hermanos, tal vez está agradecido con su madre, tal vez tiene los recursos o la fortaleza para hacerlo. A veces, los que reciben menos de sus padres son los que los cuidan cuando son viejos. ¡Qué curioso!, ¿verdad? Es como hacer méritos esperando recibir lo que no les dieron de pequeños, pero si no se los dieron antes, es poco probable que se los den de ancianos, entonces los cuidan con mucho dolor y sacrificios, haciendo corajes, sintiendo impotencia o tristeza. También se resienten con sus hermanos, sobre todo si fueron los consentidos y posiblemente lo siguen siendo. Cuando el hijo logra hacer un giro interno, puede dar cuidados a su madre con amor, sin sacrificarse, sintiéndose muy bien consigo mismo. Si se sabe un muy buen hijo, sentirá que merece las bendiciones del cielo y entonces le lloverán.

No puedes hacer que otros miembros de la familia tomen su sitio o carguen su función. Si te pones a pelear, convencer, enseñar a otros miembros lo que deberían hacer, estás dejando de hacer lo tuyo y desordenas más a la familia. Imagina que un músico de la orquesta se pone a decirles a todos los otros músicos cómo deberían tocar su instrumento. Si lo hace, se sale de su sitio y deja de tocar su instrumento.

En lugar de ayudar, crea más desorden. Además, cada músico sabe tocar su instrumento, pero no conoce tanto los instrumentos de los demás. Claro que hay músicos que se creen expertos en todos los instrumentos y también hay algunos que creen que tocarían mucho mejor los instrumentos de los demás. Hay músicos que creen que ellos solos podrían formar toda la orquesta.

Esos músicos crean mucho caos en las orquestas porque en lugar de tocar su instrumento y hacerlo bien, están fijándose en lo que hacen todos los otros músicos y criticándolos, continuamente dejan su sitio para corregir el desempeño de otros músicos. ¿Te imaginas el desastre?

¿Eres tú como ese músico, corrigiendo a los miembros de tu familia porque no hacen su función o preocupándote por cómo llevan las cosas?, ¿cargas lo de otros miembros de la familia?, ¿cómo salirte de roles que no son tuyos? ¡En un momento más lo sabrás! Vas muy bien entendiendo el desorden y creando un nuevo orden para ti. Cada vez que comprendes mejor el problema, podrás más fácilmente dejar de enredarte en el caos.

¿Qué pasa cuando una familia está en desorden?

El amor y la vida se atoran
Imagina una casa que está hermosa y perfectamente construida, con cimientos sólidos y el mantenimiento al día. Aparentemente

todo está bien, sin embargo, sus tuberías están tapadas. Hay agua en la cisterna, pero no llega a los baños ni a la cocina. Como la familia que la habita tiene muchos miembros, la falta de agua hace que los baños se apesten y no puedan lavar los trastes, entre otras cosas.

Al poco tiempo ya nadie quiere estar en la casa porque, aunque se aman, es difícil convivir y expresar lo que sienten con tanta mugre que no se puede limpiar. ¡Tienen todo para estar bien! Sólo tienen que destapar las tuberías, ¡y listo!

Replicas lo que aprendiste en tu familia de origen. Si en tus primeros años de vida ocupaste un lugar diferente al que te correspondía, lo seguirás haciendo en todas tus relaciones.

Esto es lo que conoces y es tu zona de seguridad. Por ejemplo, Alicia aprendió de pequeña a ser la madre de su madre, ¿por qué?, porque su abuela materna estaba muy ocupada y no estuvo presente para cuidar de sus hijos. De pequeña, Alicia siente la necesidad de su madre y por amor ciego ocupa ese sitio. Entonces adopta el rol de la grande cuando le toca ser la pequeña. Ese rol se convierte en su zona de seguridad y ser la pequeña le cuesta trabajo; sin darse cuenta, es lo que hace en casi todas sus relaciones y la mayoría de sus problemas son por esa razón. ¿Quieres saber qué pasa después?

Tus opciones de vida se limitan
Tu familia es sólo uno de los muchos sistemas a los que perteneces. Un sistema es un conjunto de personas con algo en común, y tu familia tiene en común la herencia invisible. También el país donde vives tiene una herencia invisible en donde está grabada toda su historia y su cultura. Como es mejor aprenderlo por partes, en este libro empiezas por lo más importante: tu familia. Sanando

eso, sanarás lo demás. Para conocer el tamaño de tus enredos, necesitas entender cómo el no ocupar tu sitio en la familia afecta tu desempeño en otras áreas de tu vida, en tu trabajo, en tu grupo religioso, con tus amigos y con tu pareja e hijos.

Cuando tu familia está en desorden, no puedes ocupar tu sitio en ningún otro sistema al que pertenezcas y el amor y la energía de vida estarán bloqueados. Para avanzar y lograr tus metas necesitas recibir energía de vida. ¿Te das cuenta del gran problema que es salirte de tu sitio?

Volvamos al ejemplo de Alicia que cuando le toca ser pequeña ocupa el lugar de la grande. Terminando su carrera, consigue un trabajo y la ascienden rápidamente por su capacidad de hacerse cargo de todo. ¡Aparentemente, ser la grande está siendo una bendición! Pasan los años y Alicia sigue dándole todo a todos, sintiéndose cada vez más drenada. En su grupo de amigos, ella es la que escucha y sostiene. En su trabajo es la responsable del área, pero ya no la ascienden, llegó a un límite. En su familia de origen es la que apoya emocional y financieramente a todos. No recibe nada para sí misma porque su trabajo es dar y dar, ser siempre la fuerte. Paga varios precios y uno de ellos es que no forma una familia propia. Ella no lo ve como un problema, ya que ni siquiera tiene el deseo de hacerlo. ¿Por qué le pasa esto?, ¿cómo va a tener deseo de dar más si ya da tanto? El problema es que realmente no es libre para hacer otra cosa. Su deber es dar, es lo que conoce y lo que la hace sentirse segura, aunque últimamente se siente muy cansada. No dar ni sostener le daría inseguridad y miedo. Para tener opciones de vida reales, tendría que poder ser pequeña a veces, pero esa posibilidad no existe para ella.

Ocupar un rol que no te corresponde te lleva a perder opciones de vida. Por poner un número, tienes diez opciones de vida ocupando el rol que te corresponde, pero si te sales de lo tuyo, tus posibilidades se reducen a dos. Pierdes libertad para elegir, pero no te das cuenta. Es como tener que comer diario en el mismo restaurante, cuando hay tantos maravillosos lugares para disfrutar un rico alimento. Qué aburrido, ¿verdad? Pero las personas que sufren de esto ni siquiera se dan cuenta de que hay más restaurantes, sólo conocen uno y es al que van. Cuando se aburren piensan que así es la vida. ¡Y tú estás a punto de abrirte a posibilidades infinitas al poner en orden tu familia!

¿Cómo poner orden en tu familia?

Ocupa tu lugar

¡Tomar tu lugar es mucho más sencillo de lo que supones! Simplemente tienes que estar en el aquí y ahora, haciendo tu función. Es como el "sólo por hoy" de Alcohólicos Anónimos. Si pretendes asumir todos los roles al mismo tiempo, te parecerá imposible, por eso hay tanto estrés en la época de Navidad cuando se reúne la familia completa. Festejas las fiestas con tu esposo, tus hijos, tus padres, tus hermanos, tus tíos y ¡estás en todos los roles a la vez! Te sientes tironeado entre las diferentes funciones y crees que quedarás mal con alguien.

En la vida cotidiana estás con unos cuantos miembros de tu familia a la vez y conociendo los elementos del orden (tiempo, función y peso anímico), es fácil determinar cuál tiene prioridad, sólo se requiere práctica y sentido común. Te voy a poner algunos ejemplos para que te des cuenta de lo sencillo que es aplicarlo.

Paula está casada y tiene tres hijos. Me consulta porque está agotada y preocupada. Su hija mayor, Karen, sufre de miedos que no la dejan dormir. ¿Qué pasa realmente? Para descansar, necesitas relajarte y sólo puedes hacerlo si te sientes a salvo. Un niño se siente a salvo cuando lo cuidan. Paula es incapaz de generar un ambiente seguro para sus hijos. A la que más le afecta es a Karen porque siente que si mamá no los cuida, ella es quien tiene que hacerse cargo de todos en casa. ¿Por qué no puede Paula darles seguridad a sus hijos? Porque cuando Paula era pequeña protegía a la familia de la violencia de su padre. Aprendió a ser encantadora para calmar los arranques de agresión de su padre, guardando una gran angustia en su interior. Sin darse cuenta, sigue haciendo eso, teniendo mucha angustia que no reconoce. ¿Dónde estaba la madre de Paula para protegerla? Julia, la madre de Paula, estaba ahí, sólo que Paula no la recuerda, así que es como si no hubiera estado. Si Julia no ocupó su sitio de madre, Paula lo ocupó por ella, entonces no puede ocupar el sitio de madre para Karen, su propia hija. Tiene que escoger de quién va a ser mamá: de su madre o de su hija.

Cuando lo puedes ver tan claro, ¡la decisión es muy fácil! Y es mucho más sencillo cuando te das cuenta de cómo afecta a tus hijos. Lo mismo que Paula sufrió con su madre y con su padre, lo sufre su hija Karen al sentirse sola, aunque ella esté cuidándola.

Normalmente los hijos muestran lo que se tiene que ordenar en la familia. No puedes ocupar tu rol de padre o de madre si estás enredado siendo el padre o la madre de alguien más. Tampoco puedes ocupar el rol de pareja de la persona que amas si estás emparejado con alguien más.

Esto es lo que le pasó a Laura. Ella conoció a Esteban cuando tenía 20 años y se enamoraron perdidamente. ¡Fue uno de esos amores de película! Las cosas iban de maravilla hasta que se enteró la mamá de Esteban, entonces empezó la campaña en contra de la relación. El planteamiento era "o ella o yo". ¿Por qué una mamá adopta esa actitud? Cuando está en el lugar de pareja de su hijo hay celos y competencia con la persona que pretenda ocupar ese sitio.

El lugar de pareja puede estar ocupado por hijos, hermanos, padres, parejas anteriores. Por eso, si quieres una relación de pareja, asegúrate de tener el lugar libre. ¡Dejar el lugar libre es el prerrequisito para que llegue una persona nueva a tu familia!

Agradece lo que te tocó

Un ingrediente imprescindible para mantener el orden en la familia es la gratitud. Ya aprendiste que una familia se desordena porque los miembros se salen de su sitio. Básicamente esto sucede por dos razones: su lugar no les gusta o quieren ocupar el lugar de otra persona que no está haciendo su trabajo.

Me divierte la característica humana de querer tener un lugar diferente del que se tiene. Lo normal es querer ser el número uno. Esto lo observo tanto que puede considerarse una regla, con pocas excepciones.

Cuando a un hijo le preguntan qué número es, le gusta más decir "el uno" que "el dos", "el tres" o "el último". Cuando a una persona le preguntan qué número de pareja es, le gusta decir "la número uno" y le choca decir que alguien va o fue primero. Si es así, prefieren decir algo como "bueno, tuvo una pareja antes pero no se llevaban bien", lo que en otras palabras quiere decir "yo soy mejor que las demás parejas que hayan existido".

Muchas personas se confunden y tratan de definir el número exacto que tienen en su familia. Creen que hasta que lo puedan conocer con exactitud estarán en paz y podrán ocupar su sitio en la vida. ¿Qué pasa si desconoces la información y no hay nadie que te la dé? El número que tienes en tu familia no importa. Lo verdaderamente importante es que ocupes tu sitio y esto lo puedes hacer aunque no tengas información.

Pero antes, renuncia a la necesidad de ser mejor que los demás. Querer estar sobre otros hace que te salgas de tu sitio porque el de la otra persona te parece más atractivo. Estar comparando tu lugar con el de los demás miembros es lo que desordena tu sistema. Imagina a un músico en una orquesta, está sentado en su sitio, con su instrumento entre las manos y su partitura enfrente, sin embargo, en vez de ponerse a tocar la pieza que le tocó, está concentrado en lo que hacen los demás músicos. ¿Cómo crees que es su participación en la orquesta?, ¿es un buen elemento para el grupo?, ¿crea armonía o desarmonía? El remedio es agradecer el instrumento y la partitura que le tocaron.

En los sistemas familiares, la gratitud es el mejor pegamento para quedarte en tu sitio. Pueden pasar huracanes, terremotos y tormentas, con una buena dosis de gratitud nada te sacará de tu lugar. Atravesarás las crisis familiares manteniendo el orden y haciendo que el amor y la vida fluyan entre tú y los demás miembros de tu familia.

Dale su lugar a cada quien

¿Cómo pones orden cuando crees que dependes del otro para hacerlo? En el ejemplo anterior, Esteban tiene que darle a su madre ese sitio y a Laura el de su pareja. Pero ¿qué pasa si su madre quiere seguir estando en el lugar de pareja y no acepta a Laura? Cada quien hace su parte solamente y deja que el otro haga la suya, si quiere.

Una poderosa herramienta para ordenar a la familia son las imágenes internas. Tus imágenes internas son las representaciones mentales que haces. Para ordenar tu familia tienes que crear imágenes ordenadas. Una vez que has identificado el desorden, el enredo que te tiene atorado, imaginas lo que tiene que modificarse para que las cosas fluyan.

Si puedes imaginar a tu padre y a tu madre presentes sosteniéndote, ellos en el lugar de grandes y tú como pequeño, energéticamente sucederá y podrás ocupar el rol de grande para tus propios hijos. Pero si en tu mente ves que tus papás son los pequeños y tienes que sostenerlos, no tendrás energía para tus hijos. Al leer este libro, has estado creando imágenes ordenadas que te reprograman para sanar tu familia.

Cuando los miembros de tu familia están muertos es más fácil mantener las imágenes ordenadas. Mientras los miembros de una familia están vivos, sus actitudes cambian y tú reorganizas tus imágenes internas, lo que hace que haya un movimiento constante, arreglos y desarreglos. Además, es más difícil crear una imagen positiva cuando la persona que imaginas está haciendo exactamente lo contrario en la vida real.

Es como una casa, si está habitada, la ordenas y se vuelve a desordenar. Limpias la cocina, haces la cama y al día siguiente hay que volver a hacerlo. Puedes pensar que es un trabajo de nunca acabar. Yo lo veo como parte de una vida divertida porque aprendiendo a desenredar tus enredos familiares, te fortaleces y evolucionas. ¡Cada vez eres una persona más feliz! Ganas peso anímico y eres más sabia. Además, no es como estar lavando los trastes porque las tareas no son de rutina. Si aprendes a mantenerte en tu sitio y a darle a cada quien el suyo, esos enredos ya no sucederán. Sin embargo, mientras existan miembros de tu familia, se suscitarán reacomodos en el sistema. ¡Es lo que nos da lecciones y vida!

Como ya habrás notado, es evidente cuando una familia está en desorden porque hay desarmonía. Para poner orden únicamente tienes que ocupar tu lugar y darle el lugar que le corresponde a la otra persona. Esto lo haces tú, sin tener que pelearte o educar a los demás.

Volvamos al ejemplo de Laura y Esteban. ¿Qué pueden hacer con la mamá de él que no acepta a Laura? Laura y Esteban crean una imagen donde le dan el lugar ordenado a la madre de Esteban y su unión es bendecida. Ellos se sintonizan con esa imagen y eligen esa experiencia. Al mismo tiempo, respetan cómo decida vivirlo la madre de Esteban. Cuando acomodan una imagen ordenada en su interior, tienen claridad en lo que desean hacer de manera práctica. Tal vez decidan estar cerca de ella o no. Evitar verla hace fácil conservar la imagen positiva, pero eso depende de ellos y de su fortaleza. Lo importante es que dejen de cargar lo que es de otros miembros de la familia. De esta manera, si hay agresiones, no les llegan. Ellos pueden disfrutar de su amor ocupando su lugar como pareja.

Cuando has estado en desorden y dejas de ocupar lugares que no son tuyos, y sólo cargas lo que te corresponde, hay un movimiento profundo en tu sistema familiar. De alguna forma había un equilibrio, chueco, pero estaban cómodos y acostumbrados a vivir así. Al momento de realizar cambios, todo el sistema familiar se va a reacomodar. Esto trae beneficios para todos, pero algunas personas se irritan ante los cambios. Dale la bienvenida a la nueva estructura que hace que el amor fluya. Recuerda que tú te encargas solamente de tu pequeña parte y los demás de la suya.

Respeta al otro
Otro ingrediente que también es imprescindible para conservar el orden en la familia es el respeto. Los miembros de una familia sienten un tirón cuando creen que otra persona no está ocupando su

lugar ni cumpliendo bien su función. Este tirón puede llegar a ser tan fuerte que los saca de su sitio. Es como cuando estás nadando en el mar y hay corrientes de agua, sientes que te mantienes en un mismo lugar, pero cuando te das cuenta, la corriente te llevó lejos de donde te encontrabas. Así funcionan los tirones sistémicos.

El respeto es el antídoto para dejar de sufrir tirones sistémicos. Cuando sientes un profundo respeto por la manera en que cada miembro de tu familia ocupa su lugar y lleva su función a cabo, estás tranquilo y en paz. Dejas de querer arreglar lo de otros y te concentras en tu parte. Si vuelves al ejemplo de la orquesta, imaginas al músico, con su instrumento entre las manos y su partitura enfrente. En este momento, deja de mirar a los otros músicos y de compararse con ellos. Ahora centra su atención en su partitura, se prepara y toca lo mejor que puede el instrumento que tiene. Toda su energía está en sí mismo, en hacer su parte con excelencia, comparándose consigo mismo, tratando de hacerlo cada vez mejor. Esta actitud es la que nos enseñan en QiGong: "Serenidad por dentro, respeto por fuera". Serenidad contigo mismo para ocupar tu lugar en la familia y hacer lo que te toca tranquilamente. Respeto hacia los demás para dejarlos ser quienes son, ocupando su lugar y haciendo su función, sin tratar de cambiar la manera en que lo hacen. ¡Esto es lo mejor que puedes hacer por ti!

Aplica el Método Magui Block® para poner a tu familia en orden

Haz que el amor y la energía de vida fluyan libremente entre los miembros de tu familia al ponerla en orden. Durante la lectura de este capítulo, has identificado los enredos que crean caos en tu sistema y comprendiste los lineamientos de una familia ordenada.

Ahora aterriza el trabajo que ya realizaste logrando una transformación extraordinaria con el poder de tu inconsciente.

Vuelve a imaginar la orquesta y crea la siguiente película en tu mente:

Primera escena

Hay algunos músicos parados buscando su sitio, otros están sentados en el lugar de alguien más, hay músicos concentrados en su partitura ensayando para dar lo mejor, mientras otros critican a los demás. Unos están en la luna y otros están pendientes de cada cosita que ocurre. Aunque son miembros de la misma orquesta, cada músico tiene una manera de vivirlo completamente diferente.

Segunda escena

Llega el director de la orquesta. Él sabe perfectamente cuál partitura es de cada quién, dónde tienen que sentarse y cómo deben tocar su instrumento. Conoce los ritmos y cuándo debe participar o callar cada miembro. Está dispuesto a ser el que dirige y tiene el poder para hacerlo. Es un director con mucha experiencia y reconocimiento y los músicos se sienten muy contentos de pertenecer a su orquesta. Lo aprecian y respetan su autoridad.

Tercera escena

Los músicos están en su sitio, con su instrumento y su partitura. Están listos para comenzar el concierto. En el momento preciso, empieza la música, hermosa, armoniosa, en total orden. El sonido llega libremente inundando de vida, luz y amor el cuerpo y el alma de cada persona en la sala.

Tu familia está en orden ahora. Para incrementar el poder sanador, adopta la postura física correcta, evoca el amor y repite la frase del final en voz alta.

La postura física correcta:

- Cuerpo erguido, imaginando que tu cabeza toca el cielo y tus pies están firmes en la tierra.
- Centrado y relajado con tu corazón y tu mente cristalinos.
- Tus manos, una sobre la otra, en el ombligo, imaginando que se conectan con el espacio que está cerca de tu columna vertebral por dentro de tu cuerpo. (Si eres mujer, pon la palma de la mano derecha en tu ombligo y la palma de la mano izquierda sobre el dorso de la mano derecha. Si eres hombre, pon la mano izquierda en tu ombligo y la palma de la mano derecha sobre el dorso de la mano izquierda.)

Evoca el amor:

- Recuerda tus ganas de sanar y sonríe.
- Siente aprecio por ti mismo.
- Agradece el momento.

El poder de la palabra:

- Expresa en voz alta la frase.
- Escucha cómo lo dices y repítelo hasta que lo puedas decir con facilidad.

Con la postura correcta, evocando el amor, repite en voz alta y con firmeza:

Mi familia está en orden.
El amor y la vida fluyen entre sus integrantes.
Ocupo mi lugar y me hago cargo de mi función.
Dejo de ocupar lugares que no son míos.
Renuncio a las funciones que le corresponden a alguien
más.
Estoy feliz de ocupar mi lugar y de hacer mi función.
Mi lugar y mi función en la familia son perfectos para mí,
los agradezco.
A cada miembro de mi familia le doy su lugar.
Siento un profundo respeto por el lugar de cada quien y
por la manera en la que llevan a cabo su función.
Renuncio a las comparaciones.
Serenidad por dentro.
Respeto por fuera.
Mi familia está en orden y lo agradezco.
El orden perfecto se mantiene.
Gracias.
Mi familia está en orden.
El orden perfecto se mantiene.
Gracias.
Mi familia está en orden.
El amor y la vida fluyen.
Gracias.

CLAVE #3: TOMA ENERGÍA DE VIDA DE TUS ANCESTROS

Gracias a la fuerza de la energía de vida estás vivo y puedes hacer lo que deseas. Es tu motor, tu entusiasmo, lo que te anima. Mientras más tienes, mejor te va. Tu fortaleza depende de la cantidad de energía de vida que tomas de tus ancestros.

¿Por qué se utiliza la palabra *tomar* en lugar de *recibir*? Porque la intención es que te abras a lo que llega de tus ancestros de manera completa y absoluta. Cuando usas la palabra tomar, lo que realmente quieres decir es que estás dispuesto a aceptar sin condiciones la energía de vida que te llega, tal como es, de los ancestros que tienes, tal como son. Equivale a recibir diciendo internamente: "Estoy de acuerdo con lo que mis ancestros son, con lo que hay en mi familia, con la cantidad de energía que me llega, con la calidad que tiene, con la información que trae, estoy de acuerdo con todo esto".

Es normal que quieras tomar la energía de vida de la misma manera en que comes, picando del plato únicamente lo que te gusta y dejando lo demás, pero así no funciona. Tomar es como respirar y no como comer. Cuando inhalas el aire, lo recibes todo, no puedes elegir lo que entra y lo que dejas fuera. Si el aire donde vives está contaminado y lo rechazas contrayéndote, dejas de respirar, dejas de recibir oxígeno y tus funciones vitales disminuyen. Para respirar bien tienes que inhalar profundamente, aceptando el aire tal como es. Respirar lo que hay es mucho mejor que dejar de respirar, ya que si no respiras, te mueres, y si respiras muy poco, te enfermas. También tienes que aprender a eliminar los efectos que puede generar la contaminación.

Cuando tu sistema familiar te parece tóxico bloqueas el tomar, como si entraras en un baño apestoso, te diera asco y dejaras de respirar. Nada más que necesitas tomar energía de vida para estar bien y crecer con fuerza para alcanzar tus metas. Igualmente, la manera en la que recibes de tu familia se va a replicar en todas tus relaciones. Si no tomas de tus padres, tampoco podrás tomar sanamente de tu pareja y terminarás afectando a tus hijos. Como ves, éste es un tema muy importante y aprenderlo va a traer muchos beneficios a tu vida. ¡Tendrás cambios magníficos!

¿Cómo tomas la energía de vida?

Desde el punto de vista de los sistemas familiares, los padres dan la vida y los hijos la toman. Esto quiere decir que a través de los padres los hijos reciben la vida, sin condiciones, así como les llega. Los padres, al darles la vida a sus hijos, les dan aquello que ellos mismos son y no pueden añadir, ni suprimir, ni guardar nada. Así, aunque los padres quieran que sus hijos tengan sólo lo mejor de ellos mismos, les dan todo lo que está en ellos. Para liberar a tus hijos de algo que no deseas darles, tendrías que sanarlo en ti primero. Si antes de concebir a tus hijos te liberas de aquello que te limita, no lo pasarás a la siguiente generación, ya que no formará parte de ti. ¡Sería increíble que cada generación fuera mejor que la anterior!

Los padres les dan a sus hijos aquello que anteriormente tomaron de sus propios padres y también lo que, como pareja, tomaron el uno del otro. Mientras más energía toman de sus padres y de la pareja, más energía tienen para sus hijos. Para darle lo mejor a tus hijos, ¡toma mucha energía de vida de tus padres y de tu pareja!

Los hijos, al recibir la vida de los padres, sólo pueden tomar a los padres tal como son, no pueden ni añadir, ni suprimir, ni rechazar nada. Si un hijo rechaza alguna característica de sus padres, no los acepta como son, por consiguiente, rechaza la vida que le llega a través de ellos. No puedes escoger lo que entra de tus padres, pero sí puedes escoger cómo lo usas. ¡Y ahí está la clave! Pero primero tienes que aprender a tomar mucha energía de vida.

¿Cómo puedes tomar mucha energía de vida?

Para tomar plenamente energía de vida es necesario honrar lo que se recibe y a la persona de quien se recibe. Honrar es sentir un gran respeto y tratar a la persona con dignidad. Para poder tomar mucha energía de vida necesitas sentir un gran respeto por tus padres, por los padres de tus padres y por todos los ancestros.

Mientras más respeto sientes, mejor te llega la vida.

¿Por qué pasa esto? La energía de vida fluye como si fuera agua. Imagina un río de agua cristalina. Según la inclinación del río es el movimiento del agua. Cuando la inclinación es mayor, el agua llega más rápido y con fuerza. Si el agua cae en una cascada, llega más rápido todavía. Sentir un gran respeto por los padres y ancestros hace que la energía de vida te llegue como si cayera de una gran cascada, ¡con fuerza y abundancia!

En cambio, cuando sientes desprecio por tus padres, te sientes mejor que ellos y te pones arriba, en una jerarquía superior, entonces la inclinación es inversa y la energía de vida viaja en sentido contrario, de ti hacia tus padres. Te pones como el grande y sitúas a tus padres como los pequeños, tú das energía de vida y tus padres la toman de ti. ¡Acabas drenado! ¡Y todo por sentirte superior a ellos!

Por eso, la manera en la que una persona se relaciona con sus padres determina la manera en la que vive su vida. Cuando los acepta y reconoce tal como son, le llega mucha energía de vida. Cuando los menosprecia, aunque esté justificado por lo que sufrió con ellos, no le llega energía de vida. Menospreciar a los padres es despreciar la vida. Apreciar a los padres es amar la vida.

Sólo puedes amar y honrar tu vida cuando amas y honras a tus padres, sin embargo, amarlos no significa estar junto a ellos si son tóxicos. ¿Qué puedes hacer si tus padres en lugar de darte te quitan?

Padres y ancestros tóxicos

Un padre o ancestro tóxico es quien, en lugar de nutrir a sus descendientes, succiona la energía de vida de ellos. Los padres y ancestros son los que dan vida, pero en este caso en lugar de dar, quitan, y esto daña a los descendientes.

¿Cómo puedes tomar energía de vida si tus padres o ancestros son tóxicos? La mayoría de las personas con padres tóxicos hacen una de estas dos cosas: creen que todo va a ir fabuloso en su vida si se mantienen lejos de sus padres o viven pegados a sus padres tratando de recibir algo de ellos.

No importa si vives lejos o cerca de tus padres, la solución está en sanar la relación dentro de ti. Lo que hagas externamente será un reflejo de lo que ocurre en tu interior cuando estés en armonía.

El primer paso es dejar ir las fantasías que te estorban para resolverlo. Me refiero a renunciar a que ellos cambien, sean diferentes contigo o se den cuenta de lo que tendrían que hacer para hacerte sentir bien. Es dejar de esperar que tus padres te pidan perdón por los maltratos del pasado y te recompensen por todo lo que te hicieron sufrir. ¡Cuando asumas la responsabilidad de sanarte, lo harás muy rápido!

Hay personas que creen que los padres tienen que ganarse el derecho de ser reconocidos por sus hijos. Piensan que un "mal padre" o una "mala madre" no merece ser tomado en cuenta. Es más, creen que, si hubo maltrato, el desprecio y el reproche están justificados. No tomar a sus padres es un castigo para el hijo, y si ya sufrió maltrato, ¿además va a sufrir la falta de energía de vida?

Hay hijos que se niegan a aceptar a sus padres, reprochándoles que lo que recibieron no fue lo adecuado, fue demasiado poco o diferente a lo que deseaban. Entonces siguen esperando recibir de sus padres, sin ir hacia la vida. Esta actitud hacia sus padres hace que se queden pegados a ellos, sin avanzar y sin recibir lo que desean. Si tus padres no te dieron lo que necesitabas en el pasado, ¿por qué crees que te lo darán ahora? Lo mejor que puedes hacer por ti es avanzar hacia la vida, pero sólo puedes hacerlo si agradeces lo que recibiste, aunque no haya sido lo que querías.

A veces, el hijo pretende que sus padres tengan ciertas cualidades para "ganarse" el derecho a que su energía de vida sea tomada y justifica el no hacerlo por los defectos que éstos tienen. Es como si el hijo les dijera a sus padres: "Para que puedan ser mis padres tienen que ser como yo quiero que sean". De esta manera, los hijos sustituyen el tomar por el exigir y el respeto por el reproche.

Sin embargo, cuando un hijo exige, a los padres se les quitan las ganas de dar. Es como un manantial que se seca y el agua deja de fluir. Cuando los hijos son muy demandantes, los padres están agobiados y tienen menos paciencia. En cambio, cuando los hijos son cariñosos y agradecidos, las ganas de dar surgen naturalmente.

Por eso, aunque tus padres sean tóxicos agradece lo que hay, esto hace que te llegue más de lo bueno y lo malo se disuelva. La gratitud y el respeto son los ingredientes que te protegen de cualquier toxicidad en el sistema familiar. Mientras más tóxicos consideres a tus padres y ancestros, más respeto y gratitud necesitas experimentar. Además, aprenderás maneras de vincularte con ancestros que tengan mucha energía de vida para ti. En tanto, elige cambiar tu actitud. ¡Llénate de gratitud hacia ti mismo por ser quien eres incluso con los padres que tienes!

Padres y ancestros adoptivos

La energía de vida viene de la familia biológica y no de la adoptiva. Los padres y ancestros adoptivos dan amor y cuidados, pero no dan la vida. Algunos padres adoptivos hubieran querido darlo todo y se resienten con los padres biológicos, no obstante, mientras más los respeten y les agradezcan, mejor estarán sus hijos adoptivos. El problema es que, generalmente, los padres adoptivos consideran a los padres biológicos tóxicos para sus hijos. Muchos creen que ellos merecen ser los verdaderos padres de sus hijos adoptivos y entonces excluyen a los padres biológicos. Cuando se excluye a un miembro de la familia, las historias de vida se repiten. ¿Crees que a un hijo adoptivo le beneficia repetir la historia de alguno de sus padres biológicos?

Expande tu corazón e incluye a los padres y ancestros biológicos de tus hijos adoptivos. Ellos tienen un lugar muy importante para tus hijos adoptivos ya que de ahí les llega la energía de vida. Tú les puedes dar mucho, pero no energía de vida. Acepta y honra de donde les llega la vida. Su herencia familiar invisible es de su familia biológica y es la que los inclina hacia lo que les beneficia o lo que les hace daño.

Reconoce la carga de su herencia familiar invisible, sólo así podrás ayudarlos con sus retos.

¿Cuáles son las razones para no tomar de los padres o ancestros?

Existen varias razones por las cuales los hijos no quieren tomar a sus padres o no pueden hacerlo. Cuando hay un defecto grave en la familia el hijo tiene miedo de heredarlo y se cierra a tomar al padre o a la madre que lo padece. Si quiere tomar a su padre o a su madre, pero no está disponible para que lo haga, el hijo se queda sin esa parte de su linaje y se llena de dolor. El hijo necesita permiso para tomar a ambos padres. A veces la madre le da energía de vida siempre y cuando no tome lo que viene del padre, y el padre le da si toma sólo lo que viene de él y rechaza a su madre. De esta manera, el hijo tiene que escoger.

Al cortar el flujo de energía de la madre se deja de recibir todo lo que llega de los ancestros del lado materno. Lo mismo pasa cuando se corta el vínculo con el padre, todo lo que está en el linaje del padre deja de recibirse. El hijo pierde la posibilidad de tomar energía de vida de los ancestros y queda atado a su familia ya que necesita energía para avanzar.

Aunque te parezca que las razones para no tomar a tus padres y ancestros son válidas, tú eres el más afectado ya que "cortas" el flujo de la vida hacia ti mismo. Puede llevarte a sentirte vacío, enojado, deprimirte, seguir atado a tus padres internamente, enfermarte, no tener sentido de vida, estar confundido, etcétera.

Ahora aprenderás cómo resolver lo que te impide tomar a tus padres y ancestros. ¡Lo haces por ti, no por ellos!

¿Qué puedes hacer cuando hay un defecto grave en la familia?
Cuando tus padres o ancestros tienen algún defecto que te parece grave, como una adicción, un problema mental o una enfermedad

física, puedes sentir miedo de heredarlo. Entonces te "cierras" a ese miembro de la familia y no quieres recibir lo que viene de él, sin embargo, se genera una lealtad encubierta hacia la persona rechazada. Esto quiere decir que, aunque lo ignores, estás sumamente conectado con ese ancestro y muy probablemente traerás a tu vida el defecto que más temes. Un ejemplo con el caso de un padre adicto sería que el hijo se vuelva adicto o que se case con una persona adicta.

Estás conectado con tus ancestros, te guste o no. Si lo aceptas y agradeces, el vínculo está abierto y es visible. Pero si lo rechazas, el vínculo se oculta. Imagina que estos vínculos son tubos por donde pasa información y energía de vida. No puedes hacer que los tubos desaparezcan, pero puedes elegir la manera en la que se conectan contigo. Si les das la bienvenida, los tubos se expanden con energía de vida. En cambio, cuando los rechazas se cierran y no pasa la energía de vida, se crea un tubo subterráneo, oculto a tu conciencia, por donde te llega lo peor de esa persona con la que no quieres vincularte, dejas de recibir lo bueno y te abres a lo malo.

Mientras más energía de vida tienes, mejor enfrentas los defectos que te puedan heredar tus padres y ancestros. La energía de vida te da la fortaleza para encontrar las soluciones que necesitas. Así que, si alguno de tus padres o ancestros tiene un defecto grave y te preocupa heredarlo, tienes que adoptar una actitud inteligente y humilde. Acepta que está en la información de tu herencia y que lo recibirás. Ríndete a la posibilidad de padecerlo. Cuando dejas de luchar, puedes transformarlo. Es como en las artes marciales, utilizas la fuerza del oponente para derribarlo cuando te sincronizas con su movimiento, en cambio, si lo enfrentas, el choque te puede derribar. Cuando aceptas que una característica determinada está en la información de tu familia y te rindes a que te llegue, puedes utilizar la fuerza con la que llega para lograr un cambio positivo. ¡Vamos paso por paso!

El primer paso es aceptar que te llegue y rendirte. El siguiente paso es reconocer y honrar a todos los ancestros que lo han padecido. Algo mágico ocurre cuando te das cuenta del dolor que han sufrido tus ancestros. Dejas de sentirte superior a ellos y ocupas tu lugar del pequeño. Entonces el rechazo se transforma en compasión y se diluyen los defectos, ¡llegándote lo mejor de tu familia!

¿Recuerdas el ejemplo del río y de la cascada? Mientras mayor es la inclinación de un río, más rápido llega el agua. Cuando sientes un profundo respeto hacia tus ancestros, la energía de vida es fuerte y abundante. Tú eres el pequeño, ellos son los grandes y los pones en una jerarquía más alta que la tuya. Cuanto mayor sea la jerarquía que les des a tus ancestros, tienes menos probabilidades de padecer lo que te preocupa. Pero esto sólo funciona cuando lo haces con humildad, es decir, rindiéndote a la posibilidad de que puedes padecer de lo mismo, por el hecho de ser un miembro de esa familia.

Hay personas que confunden la jerarquía con el valor que le dan a una persona. Creen que si les dan a sus padres una jerarquía superior, están aceptando que ellos valen menos que sus padres. La jerarquía nada tiene que ver con el valor de una persona. Tú y tus ancestros valen lo mismo, pero tienen diferentes jerarquías y para que fluya la energía de vida tienes que ocupar la jerarquía correcta. En relación con tus ancestros eres el pequeño, con respecto a tus hijos eres el grande.

Ocupar la jerarquía correcta es todavía más importante cuando hay defectos graves en la familia. Quien padece una enfermedad grave debe ser honrado y respetado en su jerarquía y por el sufrimiento que ha vivido. Si no sucede esto, los descendientes repetirán la historia y el sufrimiento. Por eso hay defectos en la familia que son como bolas de nieve, en cada generación dan una vuelta y se hacen más grandes. Aquí tienes la solución:

- Acepta todo lo que te llega de tu familia.
- Ríndete ante la posibilidad de padecerlo.
- Reconoce y honra a tus ancestros, en especial a los que sufrieron el defecto que te preocupa.
- Ocupa tu lugar en la jerarquía del sistema. Recuerda que los pequeños se liberan de cargar a los grandes. ¡Disfruta ser el pequeño!

¿Cómo lo haces? Poco a poco estás entendiendo los enredos y estás encontrando el camino para llegar a la solución. Cuando todas las piezas se junten, lo habrás resuelto.

¿Y cómo le haces cuando tú eres el que tienes el defecto y te preocupa pasárselo a tus hijos? Acepta que está en tu información, es parte de la genética y a menos que lo puedas eliminar, pasará a tus hijos. Con ese conocimiento, decide lo que quieras hacer. ¿Quieres tener hijos que carguen esta información? Asume las consecuencias de tus decisiones y reconoce que en todos los sistemas familiares hay defectos. Trata de ser objetivo con los que hay en tu familia.

Hay personas que inconscientemente deciden no tener hijos, digo inconscientemente porque "no se les dio tener familia". Su razón real fue un sistema familiar tan cargado de defectos que no quisieron traer a un hijo con esa herencia.

Entonces, lo primero es reconocer lo que les heredarías a tus hijos y decidir si deseas tenerlos. Puedes sanarte a ti mismo para que tu herencia sea lo más ligera posible, pero aun así necesitas rendirte a la posibilidad de que tus hijos lo hereden. Recuerda que modificas lo que está en la herencia, pero otros miembros de la familia también participan en ella. Lo que reciben tus hijos no sólo depende de lo tuyo, también depende de lo que llega de la pareja que elijas para tenerlos. Hay muchos factores que afectan lo que será recibido por tus hijos.

Tienes varias opciones. ¿Qué eliges? ¿Inquietarte porque no puedes controlar lo que les va a llegar a tus hijos?, ¿tomar mucha energía de vida de tus ancestros para pasarles lo mejor a ellos?, ¿incluir a todos los miembros de tu familia para que tus hijos estén libres de las historias tristes del pasado?, ¿poner orden en la familia para que cada quien ocupe su lugar? ¡Ya tienes muchos recursos para sanar tu familia!

¿Qué hacer cuando los padres o ancestros no están disponibles?
Los hijos se acercan a sus padres para tomar la energía de vida, luego se alejan y van hacia su vida. Éste es un movimiento constante en el que se toma y se da energía de vida, es similar a inhalar y exhalar aire. Para exhalar necesitas inhalar primero, si no ¿qué exhalas? Tampoco puedes inhalar al mismo tiempo que exhalas. Tomar y dar energía de vida es igual: primero tomas energía de vida de tus ancestros y luego puedes pasarla a tus descendientes. No tendrías energía que pasar si no la tomas antes.

Imagina la siguiente escena. Una madre llega al parque donde juega su pequeño hijo, el niño la reconoce y corre hacia ella, la madre extiende los brazos y lo abraza amorosamente. El hijo recibe el cariño que necesita y después de un momento desea jugar nuevamente. La madre lo suelta para que corra hacia sus amigos. El niño juega un rato y luego regresa a donde está su madre por más atención. Así sucede cuando la madre está presente para su hijo, éste puede ir tomando de ella y yendo al mundo conforme va necesitando.

Se le llama movimiento hacia los padres cuando el hijo se acerca a ellos para tomar energía de vida. Y se llama movimiento hacia la vida cuando el hijo dirige su atención a sus intereses personales. Cuando el hijo es pequeño su movimiento hacia la vida podría ser jugar e ir a la escuela, cuando es adulto podría ser trabajar y crear su propia familia. Un hijo que toma mucho de sus padres puede dar mucho, a través de sus obras y a sus propios hijos. Estos dos movimientos son el inhalar y el exhalar de los sistemas familiares. Para que un hijo pueda moverse hacia la vida necesita haber completado su movimiento hacia los padres, inhala tomando energía de vida y exhala yendo a su propia vida.

Para que un hijo pueda inhalar energía de vida, la familia biológica tiene que estar disponible para darle. El hijo se mueve hacia sus padres y sus padres están disponibles para darle energía de vida. Se considera que un padre está disponible para dar cuando está presente y tiene energía de vida. ¿De qué sirve un padre que está presente sin energía de vida? ¿O uno que tiene mucho para dar pero que no está presente?

Hay un movimiento interrumpido hacia los padres cuando el hijo no puede llegar a ellos y tomar energía de vida. Esto puede darse por infinidad de razones, entre ellas las siguientes:

- Un recién nacido necesita estar en una incubadora.
- Los padres mueren pronto.
- El niño o los padres necesitan una hospitalización.
- Hay una separación por un viaje.

- Depresión postparto.
- Un trabajo absorbente.
- Enfermedades del hijo o de los padres.

Cuando un hijo pequeño necesita tomar de sus padres y ellos no están disponibles, siente un gran dolor. Este dolor está ligado con el amor que siente por los padres y puede ser tan grande que cuando es adulto no quiere volver a sentirlo otra vez, entonces prefiere mantenerse alejado y aislado de las personas, protegiéndose.

Lo que un hijo pequeño aprende en la relación con sus padres lo repite en otras relaciones íntimas. De esta manera, un movimiento interrumpido hacia los padres en la temprana infancia marca de manera negativa las relaciones adultas. Muchas veces, el dolor de la infancia se cubre con enojo o tristeza. Un adulto furioso o deprimido es, en el fondo, un niño que no tomó energía de vida.

Si un hijo no toma a sus padres queda atado a ellos, pero no recibe nada. Es como si siguiera esperando que en algún momento le den lo que le hace falta. Pero, si no se lo dieron antes, no se lo van a dar ahora tampoco.

Las personas que no toman de sus padres tampoco pueden pasar mucho a otros. Para dar se necesita tomar primero. Esas personas se quedan estancadas, sin avanzar. Dependen de lo que suceda afuera para generar un cambio en sí mismas. Por fuera son adultas, por dentro siguen siendo niños controlados por sus padres.

A la mayoría de las personas les falta energía de vida porque sus padres y ancestros no estuvieron disponibles, así que es lo normal. Lo que deseas es sanar y estar lo mejor posible, ¿verdad? Así que vas a salirte de la norma y recibir mucha energía de vida. También quieres que tus hijos reciban mucho de ti y puedan lograr lo que desean en su vida. Para eso estás leyendo este libro, ¡para estar mejor! Éste es uno de los enredos más importantes a resolver.

Recuerda que el primer paso es reconocer el enredo, la gravedad del problema, lo que necesitas resolver. Enfócate en entender lo que ha sucedido en tu familia. ¿Cómo has tomado energía de vida de tus padres y ancestros? ¿Cómo la tomaron tus padres de sus propios padres? ¿Estuvieron disponibles para ti? Si tienes hijos, ¿estuviste disponible para tus hijos?

El pasado sólo existe en tu mente y por eso puedes sanarlo. Crearás un mejor presente y un futuro lleno de posibilidades. ¡Imagina cómo estarás cuando la energía de vida esté disponible para ti y para tus hijos!

¿Qué pasa en las separaciones?

Aunque los padres no estén juntos, los hijos necesitan tomar energía de los dos, del padre y la madre. El problema de las separaciones es el disgusto que algunas veces los padres sienten entre ellos, entonces sienten rechazo hacia el hijo que presenta características que detestan y que le recuerdan a su expareja. Estas características pueden ser en la apariencia física, en la personalidad y en la manera de comportarse. ¡Imagínate! Se separan porque no se llevan bien y luego tienen en casa a un clon que hace exactamente lo que les choca.

Cuando los padres se gustan, miran con buenos ojos que el hijo tome lo que viene del otro. Les da placer que su hijo tenga cosas de la persona que aman y sienten alegría cuando muestran características parecidas. La frase "mi hijo se parece a su padre" puede ser dicha con gusto o con frustración.

El problema no es que los padres estén separados, lo que afecta a los hijos es la falta de permiso de uno de los padres para ser como el otro. Esto puede suceder en padres casados, divorciados o separados. También puede pasar cuando los padres están presentes o ausentes.

Para que un hijo tome a su madre tiene que saber que eso le parece bien a su padre. Para que un hijo tome a su padre tiene que saber que eso está bien para su madre. Por ejemplo, un esposo infiel se va con otra mujer y abandona a sus hijos. La madre se queda con sus hijos, a cargo de la educación y de la manutención; un hijo no hace la tarea y la madre explota de furia, ¿por qué? Porque el hijo no cumple con sus deberes y eso le recuerda la irresponsabilidad del padre y la infidelidad que sufrió. En su hijo mira lo que odia del padre.

Los hijos de padres separados muchas veces reciben los resentimientos hacia el otro padre. Reciben mensajes conscientes e inconscientes como "está mal si soy como mi padre", "lastimo a mi padre si me parezco a mi madre", "mi madre se enoja si le recuerdo a mi padre", entonces anulan aspectos de sí mismos con tal de evitar problemas en la familia.

Cuando los padres no les dan permiso de tomar al otro, los hijos tienen que elegir entre tomar a su madre o tomar a su padre, y eligen tomar al que necesitan más. Si viven con la madre, harán lo que ella inconscientemente les pide y no tomarán energía de vida del padre.

A veces, aunque los padres lleven una buena relación y sigan viviendo juntos, uno de los padres puede querer que su hijo se parezca sólo a él. Así se "dividen" a los hijos, por ejemplo, el primero se parece al padre y el segundo a la madre. De esta manera, el primero toma al padre y no a la madre y el segundo toma a la madre, pero no al padre.

Sin embargo, los hijos se van a parecer más al padre o a la madre que rechazan. Cuando no tienen permiso para tomar de alguno de sus padres, el tubo que los vincula se cierra y deja de llegar energía de vida, formándose otro tubo, uno que está oculto, a través del cual les llega lo peor, lo que más temían o rechazaban. A fin de cuentas, el problema no es que un hijo se parezca a sus padres, ya que esto es inevitable, pues viene de ellos, le guste o no. El problema real es que deja de recibir energía de vida y, además, las peores características de sus padres se fortalecen.

Si quieres lo mejor para tus hijos, aprende a mirar con buenos ojos al padre o la madre que elegiste para tenerlos. Cada vez que veas a tus hijos, repite internamente: "Cada vez que te veo, recuerdo con amor a la pareja que elegí para tenerte"; y procura recordar el amor que había entre tu pareja y tú cuando los hiciste. Trata de recordar cómo apreciabas al padre o a la madre de tus hijos y acepta que ésa fue la persona que elegiste para procrearlos. Ponte en paz con la decisión que tomaste y ama a tus hijos tal como son, con todo lo que reciben de tu lado, con todo lo que reciben del otro lado. Hay un cincuenta por ciento de cada lado y si tratas de anular al otro, tus hijos quedarán a la mitad. ¿Quieres hijos completos? Incluye al padre o a la madre de tus hijos y mira con buenos ojos a tus hijos cuando se parecen a él o a ella.

¿Cómo se paga por la energía de vida?

La vida es un regalo y no tiene precio, sin embargo, algunos padres creen que los hijos se la deben. Algunos padres hasta le suman a esa deuda los cuidados, el alimento, la educación y la ropa que les dan. Yo recuerdo a un padre que llevaba la cuenta de cada cosa que le daba a su hijo, con la esperanza de que el hijo se lo pagara cuando empezara a trabajar.

La mayor parte de los hijos se sienten en deuda con sus padres porque creen que les deben la vida y todo lo demás que les dieron.

Lo cierto es que hay un inmenso desnivel entre lo que los padres dan y lo que sus hijos les dan a sus padres y por eso hay una sensación de deuda. Los hijos, por mucho que lo deseen, no van a lograr equilibrar la relación con sus padres porque la vida no tiene precio.

¿Cuál es la solución? Aceptar la sensación de deuda. No tienes que pagar la vida que recibiste a tus padres. Tampoco puedes cobrársela a tus hijos. La vida no se vende, la vida no se compra, ¡la vida es!

La mejor manera de liberar la sensación de deuda es aprovechando tu vida al máximo:

- Acepta que no puedes pagar la vida que recibiste.
- Deja de esforzarte por pagarla.
- Agradece tu vida como el regalo que es.
- Disfrútala al máximo haciendo lo que te hace feliz a ti.

¿Cuáles son las reglas del orden entre padres e hijos?

Las reglas del orden sirven para que el amor y la energía de vida fluyan entre los miembros de una familia. La energía de vida en la familia debe fluir como el agua en una cascada, de arriba hacia abajo, de ancestros a descendientes.

Hay desorden cuando se pretende que la vida fluya al revés, de abajo hacia arriba, es decir, de los descendientes a los ancestros. En el desorden, los descendientes les dan su energía de vida a sus ancestros y ya no les queda para ir a su propia vida.

Te doy tres casos de la vida real en donde los padres tomaron de sus hijos:

1. En lugar de estar con su esposo y criar a sus hijos, una mujer se dedica a cuidar a sus padres ancianos.
2. Un padre que ha descuidado su salud necesita un riñón y se lo pide a su hija.
3. Un hijo gasta todos sus recursos para alargarle la vida a su madre de 93 años.

Cuando los padres quieren algo de sus hijos, ¿cómo podrían éstos negarse si por ellos están vivos? Si es algo que les hace daño o que no quieren hacer, están contra la espada y la pared. Si aceptan hacerlo, van en contra de sí mismos. Si se niegan, se sienten muy malos hijos.

Por eso, los padres tienen que cuidar mucho lo que les piden a sus hijos, ya que su labor es hacer que la vida fluya hacia sus descendientes. Por ejemplo, hay padres que al hacerse ancianos exigen que sus hijos los cuiden de determinada manera, viviendo en su casa, tomando habitaciones que son de sus nietos, alimentándose de sus platillos favoritos, etcétera. Pero los padres amorosos prevén su vejez para que sus hijos puedan cuidarlos sin sacrificar su propia vida ni afectar la de sus nietos.

Lo ordenado es que si los padres necesitan algo se dirijan a su pareja o a sus propios padres. Cuando toman mucho de su pareja y de sus padres, dan a sus hijos en abundancia y reciben a cambio gratitud y reconocimiento, pero no lo necesitan ni lo esperan. Lo natural es que sus hijos deseen acompañarlos en la última etapa cuando son ancianos, pero de una manera en la que también puedan disfrutar de su propia vida.

Lo que pasa es que cuando no tomaron lo suficiente de sus propios padres, o no dieron ni tomaron lo que deseaban en su relación de pareja, pretenden que sus hijos cubran sus necesidades emocionales. Los hijos se sienten responsables de cumplir con lo que se espera de ellos, se los dan a sus padres y se desordena la familia.

Un hijo sano hace cosas amorosas por sus padres, es amable y respetuoso y las atenciones incrementan conforme se va haciendo anciano. Existe un orden natural de lo que se necesita en cada etapa de vida. Cuando eres bebé recibes más horas de atención que cuando eres adolescente, ¿verdad? Tus padres necesitarán de ti cuando sean ancianos. Les das atención y haces tareas específicas que tienen dificultad para realizar por sí mismos, pero no les das tu energía de vida, es decir, aquello que tú necesitas para tu vida y para tus hijos.

Por eso, recuerda: los padres son los grandes y los hijos los pequeños. Los padres dan y los hijos toman. Si tus padres te piden tu energía de vida, mirándolos a los ojos con amor sabio, diles: "Lo siento, papá", "lo siento, mamá".

¿Cuáles son los límites sanos entre un hijo y sus padres?

Los padres dan y los hijos toman, pero ¿todo? Hay ciertas cosas que no le corresponden al hijo y por lo tanto no debe tomarlas. Aquí va la lista de lo que un hijo no debe tomar de sus padres:

- **El mérito de lo que lograron.** Cada persona tiene los méritos que gana con su esfuerzo. Cuando un hijo tiene ventajas por los logros de sus padres, lo recibe como un regalo. Si un hijo hereda de sus padres dinero, un nombre famoso, una empresa exitosa y se siente mucho por eso, está tomando algo por lo que no pagó un precio.

¿Cuál es el precio? El esfuerzo de haberlo logrado. Ese hijo no hizo el esfuerzo, no son sus logros, son del padre. Si disfruta ventajas, agradece al padre que lo hizo y lo reconoce. Tomar un derecho sin haber pagado por él, es como robar.

- **LA CULPA POR ALGO QUE HICIERON.** Cada quien es responsable de lo que hace, para bien y para mal. Un hijo no puede pagar por algo que hizo alguien más, aunque sea su padre o su madre.

  Por ejemplo, si un padre fue un militar que torturó a mucha gente, su hijo no puede compensar el daño que hizo, tampoco debe culpar a su padre ni juzgarlo. El hijo se relaciona con su padre por lo que es para él, la persona de la cual le llega la vida y deja que su padre asuma las consecuencias de sus actos ya que él sólo es el hijo y está libre de la culpa porque no participó en ello.

- **LAS ENFERMEDADES QUE PADECIERON.** Aunque esté en la genética, cada quien organiza su mente, sus emociones y su cuerpo de manera diferente. Cargar una enfermedad por lealtad daña a la familia. Si el hijo enferma creyendo que disminuirá el sufrimiento de sus padres, se equivoca.

- **LOS DESTINOS QUE VIVIERON.** Las historias se repiten en las familias, principalmente las trágicas. Por eso es importante poner un límite sano. ¿Cómo? Honrando el destino de cada quien. Te aseguro que los padres son más felices cuando nadie repite un destino triste.

- **LAS OBLIGACIONES QUE NO LLEVARON A CABO.** Las obligaciones de tus padres son de ellos mientras vivan y se acaban cuando mueren. Los hijos deben soltar esas obligaciones con sus padres.

- **LAS INJUSTICIAS QUE SUFRIERON.** Cuando un hijo trata de vengarse de las injusticias que sus padres sufrieron se queda atrapado en un ciclo de violencia, convirtiéndose en un perpetrador o en víctima. Aprenderás de esto más adelante.

Cuando un hijo permite que sus padres se hagan cargo de lo que les pertenece, los deja asumir su responsabilidad y entonces se fortalecen. Si el hijo toma la responsabilidad que les corresponde a sus padres, les quita la dignidad y la fuerza porque, aunque lo hace por amor, es el amor ciego, el que se hace por sacrificio y desordena a la familia. Los límites son sanos cuando el hijo ama sabiamente.

Los límites sanos son una muestra de respeto hacia los padres y protegen a los hijos para que únicamente tomen la energía de vida de su familia.

¿Cómo ser un hombre o una mujer completos?

Los hombres y las mujeres son muy diferentes y esto es evidente en la forma de pensar, sentir, reaccionar ante el mundo y abordar las cosas. Ambas formas son vitales y necesarias.

Cuando nacen, tanto los hombres como las mujeres están más cerca de la madre, ya que permaneció toda la gestación en su cuerpo y generalmente ella es la que los cuida en la primera etapa de la infancia. De esta manera se recibe lo femenino. Después se establece un vínculo con el padre y se recibe lo masculino.

Para los hombres, la primera mujer en su vida es la madre, y para las mujeres, el primer hombre en su vida es el padre. Este vínculo que se forma con el padre del sexo opuesto generalmente es muy fuerte. Sin embargo, tienes que renunciar a él y ponerte en la esfera del padre o de la madre de tu mismo sexo para convertirte en un hombre o una mujer y estar completo.

Un hijo se convierte en hombre desligándose de la madre y poniéndose en la esfera del padre y una hija se convierte en mujer renunciando a la esfera del padre y poniéndose en la esfera de la madre. El hombre toma lo masculino del padre y la mujer toma lo femenino de la madre. Cuando un hombre está en la esfera del padre es un hombre maduro y completo que está siendo sostenido por toda la fuerza masculina de su sistema y respeta y valora a la mujer. Cuando una mujer está en la esfera de la madre es una mujer madura y completa que está siendo sostenida por toda la fuerza femenina de su sistema y valora y respeta al hombre.

Por eso, el mejor matrimonio heterosexual se logra cuando un hijo que está en la esfera del padre se casa con una hija que está en la esfera de la madre. De esta forma, la relación es equilibrada y está nutrida por la energía de un sistema sano. He observado que, en general, para los matrimonios homosexuales este tema no es un conflicto ya que cada miembro se sostiene en la esfera correcta para disfrutar una relación balanceada. Esto quiere decir que cambian de esfera para adaptarse al rol que juegan en su relación de pareja.

Si el hijo se queda en la esfera de la madre, será un "hijo de mamá" y algunas características que puede tener son:

- Prefiere a su madre y es más cercano a ella que a su padre.
- Desprecia y devalúa al padre.
- Cree que él hubiera sido un mejor esposo para la madre de lo que fue su padre.

- Es muy macho y maltrata a la mujer, o muy inseguro como un "hijito de mamá" que no se despega de ella, o un "don Juan".
- Tiene muchas amigas o, por el contrario, miedo a lo femenino.
- No ve a las mujeres como iguales.
- Desprecia a las mujeres.
- Es demasiado fuerte o demasiado débil.
- Es duro con los hijos o no asume la responsabilidad de tener hijos.
- Se confunde en su rol de hombre.
- Tiene dificultad para establecer una relación estable de pareja.
- No toma plenamente al padre, y por ello puede ser depresivo o falto de vida.
- Tiene el parecido negativo inconsciente hacia el padre rechazado.

Si la hija se queda en la esfera del padre, será una "hijita de papá" y algunas características que puede tener son:

- Prefiere a su padre y es más cercana a él que a su madre.
- Cree que ella hubiera sido una mejor esposa para el padre de lo que fue la madre.
- Tiene más amigos varones que amigas mujeres.
- Habla mal de los hombres como pareja.
- Es fuerte, independiente y activa, pero le es difícil ser vulnerable.
- No tiene hijos o no es maternal con sus hijos.
- Si tiene pareja, adopta el rol "masculino".

- Sube o baja de peso o se viste de manera que se escondan sus formas femeninas.
- Desprecia a los hombres.
- Se confunde en su rol de mujer.
- Se siente mejor, más poderosa y fuerte que su pareja o que los hombres.
- Tiene dificultad para establecer una relación estable de pareja.
- No toma plenamente a la madre por lo que puede ser depresiva o falta de vida.
- Tiene el parecido negativo inconsciente hacia la madre rechazada.

Generalmente una hija en la esfera del padre se casa con un hijo que está en la esfera de la madre. Entonces, como se puede suponer, hay problemas. Si te acabas de dar cuenta de que tu pareja está en la esfera opuesta, quiere decir que tú también lo estás. ¿Cómo lo resuelves? Basta con que te coloques en la esfera correcta. ¿Cómo? Paciencia, por el momento seguimos en el primer paso del método, entendiendo los enredos. Dentro de muy poco tiempo llegarás a la magia, cuando todas las piezas de tu rompecabezas familiar embonen a la perfección y puedas mirar la figura completa.

¿Eres igual a tus ancestros? Encuentra tu identidad

Se dice que tú eres lo que viene de tus padres y ancestros. ¿Eso significa que eres igual a ellos? ¡No! Cada persona es única y diferente. No obstante, para adueñarte de tu identidad necesitas estar en paz con todo lo que te llega de tus padres y ancestros.

Muchas personas viven luchando para ser quienes son porque no les gusta lo que ven en su familia, entonces quieren demostrar que son diferentes y en esta pelea terminan desconectándose de sí mismos.

La base de lo que tú eres te viene dada de tu familia. Tienes que aceptarla, conocerla, aprender de ella. Cuando estás a gusto con lo que eres, gracias a todo lo que te llega de tus padres y ancestros, descubrirás tu verdadera identidad. ¿Por qué? Te daré un ejemplo que lo ilustra: lo que viene de tus padres y ancestros es una botella y tu cualidad única es líquida. No puedes aparecer sin una botella que te contenga. Necesitas de lo que viene de tu familia para estar aquí, en la vida, en la Tierra. Si lo aceptas, tu botella será muy grande y sólida y podrás meter mucho líquido en ella. Si la rechazas, no tendrás botella y no podrás manifestar lo que tú eres. ¿Me explico?

Así que, ¡ponte en paz con tus padres y ancestros y sé tú mismo!

¿Cómo arreglar las cosas con tus hijos o con tus padres?

Puede ser que este libro haya llegado a ti cuando todavía no tienes hijos o tus hijos son pequeños. Tendrás la oportunidad de aplicar lo que aprendas y de ahorrarte errores. ¿Qué pasa cuando tus hijos ya son adultos? ¿Qué hacer si están resentidos contigo? ¿Hay algo que puedas hacer para solucionarlo? ¡Claro que sí!

Cuando tu familia se sana de ti hacia tus ancestros, también sana de ti hacia tus descendientes. Te enfocas en sanar tu linaje hacia arriba y naturalmente sanará hacia abajo. Entonces es posible que la relación con tus hijos se transforme positivamente. Recuerda que cada persona elige sobre su vida y cómo desea vivirla, así que tú puedes decidir cómo enfrentas tu propia situación y tus hijos decidirán su parte. De cualquier manera, te sentirás pleno.

Un paso importante en el proceso es perdonarte. Hiciste lo mejor que pudiste con lo que sabías en ese momento. Ahora tienes más recursos y podrás hacerlo mejor. ¿Piensas que es muy tarde? Si estás vivo, hay tiempo. Recuerda que participas en la herencia familiar y todo lo que sanas entra en ella, llenando de posibilidades nuevas y positivas a los miembros de tu familia. Si no lo ves reflejado en esta generación, lo verás en la siguiente. Si para entonces ya no vives, tendrás la ilusión de que tus descendientes disfrutarán una familia con más energía de vida y menos historias tristes. ¿Verdad que vale la pena?

Hablando de descendientes, una de las grandes alegrías de los padres es ser abuelos. Cuando sus hijos tienen hijos y conviven con ellos, pueden disfrutarlos mucho más. Lo natural y sano en las familias es pasar la energía de vida y esto se ve a través de los hijos y los nietos. Cuando no es posible, porque no hay hijos presentes o no se desea tener hijos, se pasa vida a través de las obras. Tú no dependes de los hijos para tener una vida plena y con sentido. Hay muchas otras maneras de sentir que pasas vida y haces algo bueno con lo que tienes para dar.

En general, hay un gran dolor en los padres que son rechazados por sus hijos, y los extrañan cuando pasa el tiempo sin ningún contacto. Los padres saludables necesitan saber que sus hijos están bien y son felices, por eso buscan maneras de establecer la comunicación y lograr pasar tiempo juntos, les tortura la idea de que están perdiendo la oportunidad de convivir con sus nietos mientras son pequeños y sienten que la vida se les va. ¿Por qué pasa esto? A veces, la pareja de algún hijo desprecia a sus suegros y corta la relación. En ocasiones, los hijos prefieren alejarse para mantener su libertad o porque desean ser diferentes a lo que les viene de origen, o porque consideran que sus padres son tóxicos y no quieren estar con ellos ni que sus hijos lo hagan. Independientemente de la razón, reconocer el dolor que esto genera es importante para el proceso de duelo. Si eres uno de esos hijos que le niegas a sus padres la convivencia con sus nietos, por favor, sigue leyendo para que lo veas desde otro punto de vista. Después te doy algunas soluciones para ti.

He observado que las personas que lo hacen desconocen el dolor que generan en sus padres. Se sienten con derecho de hacer su vida como desean, sin que sus hijos tengan contacto con los abuelos. Algunos de ellos tienen problemas con sus padres y tratan de resolverlo negándose a verlos. Lo viven desde el lema "ojos que no ven, corazón que no siente". Al dejar de estar en contacto con sus padres, tampoco sienten conflictos. Probablemente se sienten con derecho y creen que hacen lo mejor para sus hijos. El problema es que sus hijos se van a identificar con los abuelos excluidos y terminarán repitiendo la historia. Entonces, tendrán un clon de su padre o de su madre en su propia casa, lo cual es irónico porque no lo quieren ver.

Al excluir a los abuelos, dañan a sus hijos, que es lo que más aman. Además, hacen más probable que sus hijos los nieguen a ellos cuando sean adultos, porque las historias familiares se repiten, pero de todo esto no se dan cuenta cuando sus hijos son pequeños. Mientras tanto, ¿qué pueden hacer los abuelos?

Ellos quieren disfrutar a sus nietos. El primer paso es reconocer el dolor que genera. El segundo es sanar tu familia con las cinco claves: incluir a todos, poner orden, tomar a los ancestros, equilibrar el dar y tomar y terminar con los ciclos de violencia.

Si tú eres el que evita que tus hijos tengan contacto con los abuelos, reconoce la gravedad de lo que haces y cuestiona tus motivos. Tus padres de ahora no son los mismos que los de antes, el tiempo hace que la gente cambie muchas veces para bien. Reconoce cómo son ahora y cuáles son los beneficios y los riesgos reales de hacer contacto, así al menos lo harás con conciencia. Si consideras que los abuelos son tóxicos para ti y para tus hijos y mantienes una distancia física por protección, hay muchas otras formas de darles un lugar y honrarlos cuidándote a ti y a tus hijos. Lo que es indispensable es incluirlos en la familia para que tus hijos reciban esa energía de vida. Encuentra maneras de relacionarte con ellos y sanar el vínculo. Dependiendo de la situación, puedes comunicarte por correo electrónico, llamadas telefónicas, videoconferencias o poner sus fotografías en la casa. Mientras más los honres, menos historias trágicas se repiten. Vence tu resistencia, protégete y perdona. Hazlo por amor a tus hijos; ellos lo repetirán contigo.

Aplica el Método Magui Block® para tomar energía de vida de tus ancestros

Ahora junta todas las piezas del rompecabezas para crear una imagen ordenada y completa. ¡Y luego harás magia!

Imagina lo siguiente mientras lo vas leyendo:

- Tus abuelos maternos toman la vida de tus bisabuelos, toman energía de uno al otro como pareja y se la dan a tu madre. Tu madre toma energía de vida de sus hermanos también.
- Tus abuelos paternos toman la vida de tus bisabuelos, toman energía de uno al otro como pareja y se la dan a tu padre. Tu padre toma energía de vida de sus hermanos también.

- Tu madre y tu padre se toman el uno al otro y te tienen a ti. Tú tomas energía de vida de tu madre y la agradeces. Ahora tomas energía de vida de tu padre y la agradeces.

Puedes imaginar, sentir y visualizar cómo fluye la energía de vida en tu familia como si fuera agua cristalina bajando por una cascada. De tus bisabuelos a tus abuelos, de tus abuelos a tus padres, de tus padres hacia ti. Los grandes dan y los pequeños toman. Los pequeños crecen y se hacen grandes y están listos para dar. Así pasa la vida de una generación a la otra. Pasa la vida con alegría. Pasa la vida con fuerza. Pasa la vida con facilidad de una generación a la otra. Tu familia está en orden y todos están incluidos. La vida fluye. Tú fluyes con la vida.

Adopta la postura física correcta, evoca el amor y repite la frase en voz alta.

La postura física correcta:

- Cuerpo erguido, imaginando que tu cabeza toca el cielo y tus pies están firmes en la tierra.
- Centrado y relajado, con tu corazón y tu mente cristalinos.
- Tus manos, una sobre la otra, en el ombligo, imaginando que se conectan con el espacio que está cerca de tu columna vertebral por dentro de tu cuerpo. (Si eres mujer, pon la palma de la mano derecha en tu ombligo y la palma de la mano izquierda sobre el dorso de la mano derecha. Si eres hombre, pon la mano izquierda en tu ombligo y la palma de la mano derecha sobre el dorso de la mano izquierda.)

Evoca el amor:

- Recuerda tus ganas de sanar y sonríe.
- Siente aprecio por ti mismo.
- Agradece el momento.

El poder de la palabra:

- Expresa en voz alta la frase.
- Escucha cómo lo dices y repítelo hasta que lo puedas decir con facilidad.

Ahora, con la postura correcta, evocando el amor, repite en voz alta con firmeza:

> *Honro a mi madre y le doy su lugar.*
> *Honro todo lo que me llega de ella.*
> *Tomo la energía de vida que me llega de ella y de mi linaje materno.*
> *Estoy de acuerdo con la madre que tengo.*
> *Agradezco lo que me da.*
> *Me mantengo en mi lugar de pequeño(a) frente a ella.*
> *Honro a mi padre y le doy su lugar.*
> *Honro todo lo que me llega de él.*
> *Tomo la energía de vida que me llega de él y de mi linaje paterno.*
> *Estoy de acuerdo con el padre que tengo.*
> *Agradezco lo que me da.*
> *Me mantengo en mi lugar de pequeño(a) frente a él.*

*Soy y me siento apoyado(a) por mis ancestros para ir a
  mi vida.*
Recibo mucho de mis ancestros.
Mis ancestros son los correctos para mí.
Tomo de mis ancestros mucho.
Tengo mucho para dar.
Así lo siento, así es y así soy.
Estoy lleno(a) de energía de vida.
Tomo mucha energía de vida y tengo mucha para dar.
Mis ancestros me dan y me sostienen.
Soy sostenido(a) por mis ancestros.
Soy impulsado(a) a la vida por mis ancestros.
Y lo agradezco.
Recibo mucho de mis ancestros.
Y lo agradezco.
Mis ancestros me dan y me sostienen.
Y lo agradezco.

Si tienes hijos, añade:

Con mis hijos yo soy el/la grande y ellos los pequeños.
Yo doy y ellos toman.
*Y soy honrado(a) en mi sitio de grande, de la madre/del
  padre.*

Si eres mujer, añade:

*Ocupo mi sitio en la esfera de la madre, con las mujeres
  del sistema.*
Soy una mujer completa.

Si eres hombre, añade:

> *Ocupo mi sitio en la esfera del padre, con los hombres del*
> *   sistema.*
> *Soy un hombre completo.*

CLAVE #4: ENCUENTRA EL EQUILIBRIO ENTRE LO QUE DAS Y LO QUE TOMAS

¿Por qué te relacionas con otras personas? Tal vez te va a sonar muy frío, pero te relacionas con otras personas porque tienen algo que tú quieres o tú tienes algo que ellas quieren. Si no te interesara darles algo o tomar algo de ellas, no se relacionarían. Además de dar y tomar de otras personas, necesitas sentir que lo haces equilibradamente. Por eso en tus relaciones cuando tomas, luego das, y cuando das luego tomas, siempre buscando llegar a un balance. Cuando llegas a un balance te sientes bien, hay una sensación de justicia. Y entonces te sientes libre para continuar con esa relación o terminarla. Si hay algo más que quieres dar o tomar de esa persona, continúas la relación. Si ya no hay nada más que quieras darle o tomar de ella y estás en equilibrio, la relación concluye.

Cuando tú das o tomas de alguien se forma un vínculo entre los dos. Imagina que es como un tubo que los conecta. Con cada persona que tienes un intercambio te conectas por medio de ese tubo, que puede ser gordo o flaco. Una relación es sólida cuando su tubo de conexión es gordo, y es débil cuando su tubo de conexión es flaco.

Lo que engruesa el tubo de conexión es el intercambio que fluye entre las personas. Cuando hay un gran intercambio porque las dos personas dan y toman mucho, el tubo engorda. También se engorda cuando hay un desequilibrio entre lo que una persona da y toma. El tubo de conexión engorda por la importancia del intercambio que ocurre entre las personas. Este intercambio puede ser positivo o negativo, dependiendo del tipo de intercambio que ocurre.

Así que hay tubos de conexión de muchos tipos: agradables o desagradables, gordos o flacos.

Para terminar una relación, el tubo de conexión debe hacerse flaquito o desaparecer. Hay personas que quieren terminar una relación y no pueden, ya que un tubo de conexión gordo las ata fuertemente. Una relación sólo puede terminar cuando hay equilibrio entre lo que se da y lo que se toma. Cuando llegas al equilibrio con alguien, el tubo desaparece y puedes elegir terminar la relación o continuarla. Si ya no das ni tomas, la relación concluye. Si vuelves a dar o a tomar, se vuelve a formar el tubo y la relación se reanuda estableciendo intercambios que necesitarán ser equilibrados. Interesante, ¿verdad?

¿Cómo se equilibran las relaciones?

Los sistemas familiares tienen un orden y sólo se puede llegar al equilibrio entre lo que das y tomas con quienes tienen la misma jerarquía. Con los demás hay otras maneras de solucionarlo, que aprenderás después. ¡Vamos por partes para que lo integres muy bien!

Algunos de los que están en tu misma jerarquía son:

- Pareja
- Hermanos (cuando son adultos)
- Amigos

- Colegas
- Grupo social
- Clientes

En tu relación con alguien que está en tu misma jerarquía sucede lo siguiente:

- Cuando das, te pones en una posición superior porque te sientes fuerte y con derecho de recibir después.
- Cuando tomas, te sientes en una postura inferior, vulnerable y con la sensación de deuda; te dieron y te toca pagarlo o compensarlo de alguna manera.

La sensación de derecho del que da y de deuda del que toma, los lleva a compensar y hace que las relaciones se equilibren.

Por ejemplo, cuando un amigo te invita, sientes la obligación de invitarlo en la siguiente ocasión. Con las personas que te dan un regalo en tu cumpleaños, sientes la necesidad de regalarles algo en el suyo. Si alguien te cuida cuando estás en el hospital y esa persona enferma, te llega el impulso de apoyarla cuando tiene necesidad.

Imagina que tienes una balanza interior en la que vas pesando cada cosa que das y que recibes. Tu balanza interna te dice cuándo te toca dar y cuándo recibir. Si tu balanza está bien calibrada, tus relaciones serán equilibradas.

¿Cómo sabes si tu balanza está bien calibrada? Porque buscarás personas que tienen la misma capacidad que tú para dar y para tomar. Así que es muy sencillo, observa tus relaciones cercanas y contesta la siguiente pregunta: ¿Hay equilibrio entre lo que doy y recibo?

Haz un inventario de tus relaciones y reconoce cuántas son equilibradas. ¿En cuáles crees que das más y en cuáles crees que tomas más? Normalmente caes de un lado o del otro, das de más o tomas de más. Cabe aclarar que tu opinión es subjetiva porque todo depende del valor que le asignas a lo que das y a lo que tomas. Para ejemplificarlo, te cuento dos casos reales.

Magdalena es una hermosa mujer que se pone un gran valor y cree que cualquier hombre es afortunado de estar con ella. Para aceptar una invitación a cenar, ella espera un regalo y un restaurante de lujo. ¿Qué da ella a cambio? Un rato de su bella compañía y de su plática entretenida. Si su pretendiente piensa lo mismo, hay un acuerdo. Los hombres se pelean por invitarla a salir y ella se siente merecedora de elegir al que tiene más para ofrecer.

Claudia es una hermosa mujer, pero cree que tiene poco que ofrecer a un hombre y desea establecer una relación de pareja. Tiene una cita y su pretendiente le trae un regalo y la invita a un restaurante lujoso. A él le parece que ella merece todo esto. Ella se siente en deuda por recibir tanto. Al final de la cita lo invita a pasar a su casa y tienen sexo. Ella cree que lo hace porque tiene ganas y no se da cuenta que es por su necesidad de compensación.

Los intercambios entre las personas funcionan como la ley de la oferta y la demanda: si hay mucho, no vale tanto; si hay poco, vale más.

Magdalena cree que lo que ofrece es único, que no hay tantas mujeres como ella, entonces vale más. Al darse valor a sí misma, establece intercambios en los que toma mucho. En cambio, Claudia cree que hay muchas mujeres como ella y vale menos. Al no darse valor, crea intercambios en los que va a recibir cada vez menos. Como ves, el valor de lo que das y de lo que tomas es totalmente subjetivo, depende de lo que tú crees y de lo que creen las personas de las que te rodeas.

Sin darte cuenta, vas poniéndole puntos a cada cosa que das y a cada cosa que tomas y esto genera la sensación de que te deben o de que debes. Sólo recuerda que esto lo haces tú y también lo hacen los demás. Entonces, ¿qué hace que haya equilibrio en una relación? El valor que cada persona le pone a lo que da y a lo que toma. Si para ti es equilibrado, sentirás que hay justicia. Si no lo es, sentirás que es injusto, y pelearás con el otro para que te dé lo que te debe. Si para ti hay equilibrio, pero la otra persona cree que no, peleará contigo para encontrarlo.

Tus relaciones están en equilibrio cuando hay paz, es decir, no debes ni te deben. No puedes cambiar lo que otros hacen o piensan, pero sí puedes modificar tus intercambios, siempre y cuando tengas una balanza bien calibrada.

El primer paso para transformarte es identificar el problema. ¿Cómo sabes si tu balanza está calibrada? Vas a aprender cómo funciona la vida de una persona cuando su balanza está descalibrada y reconocerás la diferencia. Cuando tu balanza está descalibrada sientes que debes o sientes que te deben.

¿Sientes que debes?

Algunas personas sienten que lo que dan no vale tanto, que no es suficiente, que deberían de dar más. Se creen inadecuadas e insuficientes y se esfuerzan por hacerlo mejor todo el tiempo. Difícilmente llegan a estar a la altura de sus expectativas. Estas personas son las que normalmente están en búsqueda, tratando de mejorar. Así que, si te identificas con esto, ¡bien por ti! Reconocer el enredo es lo más complejo, lo demás es facilísimo.

Si sientes que debes querrás dar sin tomar. Hacerlo de esta manera te da una sensación de derecho y de poder sobre el otro. Necesitas esta sensación para compensar lo inadecuado e insuficiente que te sientes. La sensación de dar es tan agradable que prefieres conservarla antes de permitir que otros te den algo, como siguiendo el lema "no puedo sentirme más en deuda de lo que ya estoy". Si tomas de la otra persona, te sientes todavía más vulnerable y más en deuda, y ya no puedes tolerarlo, entonces prefieres dar sin tomar y sentir que tienes algún derecho y poder sobre los demás, aunque sea inconscientemente. Dar te da una seguridad que no te ofrece tu autoestima actual. Sin embargo, si sólo das sin tomar, al cabo de un tiempo, los demás tampoco van a querer tomar de ti. Todos necesitan sentir que hay un equilibrio. Los únicos que van a querer estar a tu lado son aquellas personas con una balanza descalibrada de manera opuesta, los que toman sin dar, y sin querer te rodearás de personas abusivas.

Cuando das estás en una postura de poder, cuando tomas estás en una postura vulnerable. Por eso, dar sin tomar es una actitud hostil, ya que te pones en un lugar superior y le niegas la igualdad a la otra persona.

Imagina que te invitan de vacaciones y te pagan todo. Durante el viaje, cada vez que tratas de hacer algo lindo por la otra persona, se niega a recibirlo. Te da mucho, pero no toma lo que tú puedes darle. Así sucede todo el tiempo que están juntos. ¿Cómo te sentirías al final? ¿Te gustaría volver a experimentarlo? Muy probablemente sería el último viaje que dejas que te inviten de esa manera.

Cuando eres una persona sana, te molesta querer a alguien y no poderle dar. Es normal querer dar cuando amas, y tu relación crece cada vez que lo haces. Cuando das y cuando tomas, la relación se enriquece.

Si por tus atores te niegas a tomar y únicamente quieres dar, agredes a las personas que quieren darte.

Mi abuela paterna era un ser maravilloso con un corazón generoso. Se dedicaba a dar a todos y enfurecía cada vez que le queríamos dar algo. No recuerdo haber podido darle un regalo de cumpleaños que fuera recibido con gusto. En sus últimos años de vida estuvo postrada en una cama y no le quedó más remedio que tomar. Yo creo que fue una manera de compensar todo lo que había dado a otros. Y así aprendí la gravedad de dar sin tomar.

Aunque te guste más dar y te sientas más cómodo haciéndolo, la necesidad de compensación existe en todos los sistemas. Si das, tendrás que tomar. ¡Mejor hazlo voluntariamente!

Cuando no tomas, los demás se enojan contigo porque les quitas la posibilidad de compensar. Las personas que se niegan a tomar no están obligadas a nada y muchas veces tapan su baja autoestima sintiéndose muy especiales o mejores que los demás. Sin embargo, su vida solamente funciona al mínimo y en consecuencia se sienten vacías y descontentas. Esta actitud se puede encontrar en personas depresivas que se limitan en su disfrute de la vida, en las que no pueden pedir y en las que viven solitarias. Algunas personas que se dedican a ayudar a los demás lo hacen de esta manera y, aunque sea con la mejor de las intenciones, desequilibran el sistema.

¿Sientes que te deben?

En el proceso de equilibrar tus relaciones es normal sentir en ocasiones que te deben o que tú debes, pero hay personas que viven creyendo que los demás les deben, entonces creen que tienen derecho de tomar y lo hacen sin considerar lo que el otro quiere darles.

Las personas que toman sin dar se ponen en una postura inferior al otro, como si su creencia fuera: "Yo no puedo, yo no tengo, pero tú sí y tienes que darme". Como el otro tiene más, creen que es su deber darles y lo obligan. Ésta es una postura en la que entregan su poder personal y creen que el otro es el que puede más y por eso está obligado con ellas. Generalmente son personas con una gran necesidad, difícilmente están satisfechas y felices, y son muy demandantes. Tienden a ser abusivas y no agradecen lo que reciben. Se fijan más en lo que les falta que en lo que ya tienen. Puede ser que además estén llenas de tristeza, miedo, enojo, resentimiento o todo junto.

Todas las personas han tenido momentos en los que se sienten tal como acabo de describir, así que vamos a analizar lo que te podría llevar a esto. Hay tres razones por las que puedes sentir que te deben: porque te dan menos de lo que tú das, porque le pones mucho valor a lo que tú das y porque le quitas valor a lo que el otro te da.

¿Cómo solucionas cada caso? Si crees que te dan menos de lo que tú les das, lo equilibras dando menos. Si ya lo diste y sientes que te lo deben, elige darlo como un regalo. Cuando das un regalo no esperas nada a cambio, ¿o sí? De esta manera te liberas de la sensación desagradable y puedes seguir tu vida, terminando la relación con una persona que no puede o no quiere darte tanto como tú le das.

Si la razón por la que sientes que te deben es porque le pones mucho valor a lo que tú das, trata de verlo desde el punto de vista de la otra persona. Para ti puede ser muy valioso, pero ¿es lo que quiere recibir la otra persona? ¿Cómo lo percibe la otra persona?

Recuerdo una mujer muy espiritual casada con un hombre práctico al que le gustaba la vida social. Ella creía que su espiritualidad era un gran aporte al matrimonio, pero él valoraba más lo buena anfitriona que era cuando había invitados. Para él, lo que contaba era la buena posición económica que le daba a su esposa y para ella era más importante que la acompañara a alguno de sus retiros de meditación. Para nutrir una relación, tienes que dar lo que el otro quiere tomar. Puede ser que lo que das vale mucho, pero al que debe complacer es al que recibe. Así que ponte en los zapatos de la otra persona, podrás valorarlo desde una perspectiva adecuada y dejarás de perder tu tiempo.

Para darle el valor real a lo que el otro te da, aplica la misma solución que en el punto anterior: empatiza y ponte en su lugar para reconocer el esfuerzo que le pone. Sin embargo, es importante que tus relaciones te nutran y eso sólo ocurrirá si recibes lo que tú deseas y no lo que el otro cree que te hará feliz. Así que escúchate, valida tus necesidades y ponte firme en lo que es importante para tu bienestar.

Estas actitudes harán que tu balanza se calibre y puedas mantener relaciones sanas y equilibradas.

Dar y tomar en las relaciones íntimas

En las relaciones íntimas, los intercambios van unidos con mucho amor y por eso el vínculo es más fuerte. Por amor das y lo haces generosamente sin llevar la cuenta. El otro también te ama y te da, sin llevar la cuenta. Sin embargo, la necesidad de equilibrio existe en todas las relaciones, así que tu balanza interna te hará sentir cuando la situación esté fuera de centro.

Cuando amas a alguien y tu balanza te grita que existe un desequilibrio, haces todo por arreglarlo. Cuando pasa el tiempo y ninguna solución funciona, buscas reacomodar los puntajes que le pones a lo que te importa. Empiezas a "jugar" con el valor de los puntos que le das a tus necesidades, tratando de equilibrar tu balanza interna para seguir con esa relación. Por ejemplo, tu pareja no te da algo que necesitas, como honestidad o fidelidad, pero te convences de que no es tan importante y lo dejas pasar.

Así le pasa a Patricia que sabe que su esposo es infiel, pero se convence a sí misma de que no es tan terrible para ella, generando argumentos del tipo "todos los hombres lo hacen alguna vez", "lo más probable es que sólo dure un tiempo", "tenemos muchas otras cosas más importantes". No obstante, en sus valores sí es grave lo que está sucediendo y por eso se ha estado enfermando tanto en los últimos meses.

Cuando no recibes lo que necesitas en una relación y lo haces negociable, te enfermas. ¿Qué quiere decir esto? No puedes cambiar lo que es importante para ti, aunque a veces te gustaría. Convencerte de que algo te gusta, cuando en realidad te choca, te sale muy caro. Hay personas que aceptan situaciones desagradables por tanto tiempo que se acostumbran, por lo que ya no saben qué les gusta y qué no. Sin darse cuenta, viven en un estado de depresión, sin energía ni alegría. Tampoco se dan cuenta de lo mal que están, es un estado de adormecimiento en el que la vida no tiene sabor.

Esto sucede por negar lo que es importante para ti. Muchos lo hacen para conservar relaciones en las que no se nutren, porque creen que es mejor recibir algo a nada. Pero si te quedas en una relación en la que no recibes lo que es importante para ti, te niegas a recibirlo de por vida. ¿Por qué? Con tus acciones te comunicas con la vida y la vida te responde. El mensaje que mandas al quedarte en esa relación es que realmente quieres recibir lo que ahí te dan. Entonces, la vida sólo te mandará eso. Si estás en una relación de abuso, la vida te mandará más abuso. ¿Qué mensajes le mandas a la vida con tus relaciones íntimas?

Por más que intentes, no puedes cambiar lo que es importante para ti cuando es algo vital, conectado con tu ser, con lo que tú eres. Para crecer y avanzar, necesitas tomar lo que te nutre. Por eso creo que lo mejor es armarse de valor y terminar con las relaciones que no te dejan tomar lo que te beneficia.

¿Qué haces cuando el otro no recibe lo que quiere o necesita tomar de ti? Lo primero es reconocer qué es lo que realmente sucede, es decir, ¿por qué no se lo estás dando?

Caso de la vida real: en una pareja con más de 30 años de casados, ella decide cancelar su vida sexual. Él no está de acuerdo, pero parece que no tiene voz ni voto en la situación. Ella no lo desea y punto final. Las opciones que él explora son: sigue con ella sin sexo, se queda con ella y es infiel para tener sexo o se separa. Lo que él elige es seguir con ella convenciéndose de que el sexo ya no es tan importante para él tampoco. ¿Quién toma más? ¿Quién da más? ¿Cómo van a pagar este desequilibrio cada uno?

Cada caso es único y lo vive diferente. Sin embargo, después de muchos años observando dinámicas familiares, el precio de negar tus necesidades y deseos vitales es bastante caro. Nadie puede decidir en cabeza ajena y sólo tú puedes saber si algo es negociable o no.

Conecta con tus necesidades reales y reconoce qué te gusta, qué te disgusta y dale valor a lo importante. Expande tu corazón para ser más generoso. Escúchate a ti mismo y también escucha a los demás. Lo que haces para ti mismo, hazlo con los demás, y lo que haces para otros, hazlo contigo mismo. Recuerda que en las relaciones con personas en la misma jerarquía, te toca dar y recibir por igual. Si validas tus necesidades y las de los demás, podrás enfocarte en lo que es nutriente para todos en la relación. De esta manera crearás relaciones en las que ambos ganen. Tú y la otra persona merecen sentirse nutridos en su relación.

Es importante mantener el equilibrio en tus relaciones, especialmente en las íntimas. Cuando das mucho más que el otro, te pones por encima y deja de ser una relación de iguales. Por eso, únicamente debes dar tanto como el otro esté dispuesto a dar o como sea capaz de hacerlo. Cuando das más de lo que el otro está dispuesto a devolver, tu compañero se siente presionado, se enoja y muchas veces se va. Generalmente se va el que puede dar menos.

Una de las experiencias más dolorosas en una relación es cuando te das cuenta de que el otro únicamente puede devolver una parte, o poco, en comparación con lo que tú le das. En un caso así, contén tus ganas de dar y no des más de lo que el otro está dispuesto a devolver. Es posible que el otro empiece a dar un poco más por su propia iniciativa. Pero también puede ser que aquello que da siga siendo demasiado poco. En este caso, la relación se mantiene en un estado de desequilibrio, se estanca o se acaba. ¡Haz tu parte y deja que el otro haga la suya!

Hay desequilibrios que son fallas de tu balanza interna y cambiando tus actitudes, tu generosidad y validando lo importante, se reparan. Hay desequilibrios que muestran una relación abusiva o insatisfactoria que necesita terminar. ¿Cómo sabes la diferencia? Calibra tu balanza y lo reconocerás. Por el momento, estás en el primer paso del método, reconoce tu enredo y lo demás se dará rápidamente.

¿Cómo funciona el equilibrio entre hermanos?

En el dar y tomar entre hermanos, el mayor le da al menor. Todo el que da ha tomado antes, y todo el que toma tiene que dar después.

Suponiendo que son tres hermanos, el primer hijo toma de sus padres y le da al segundo y tercer hijo; el segundo hijo toma de sus padres y del primer hijo y le da al tercer hijo; el tercer hijo toma de sus padres y del primer y segundo hijo. El hijo mayor da más y el menor toma más. Lo que se ve en muchas familias es que, el hijo menor cuida a los padres cuando éstos llegan a la vejez. No es una regla, pero es lo que se observa en muchas familias. Esto sucede porque el hijo que siente que tomó más que los demás, lo compensa cuidando a los padres ancianos. Otra posibilidad es que se queda cuidándolos el que tiene asuntos pendientes con ellos o el que tiene un corazón más generoso. ¡Hay muchas razones posibles! Por eso, entiende tu enredo particular aplicando las reglas para encontrar el equilibrio como apliquen en tu caso.

¿Cómo encontrar el equilibrio cuando estás en diferente jerarquía?

Cuando dar y tomar es entre personas que no están en la misma jerarquía como, por ejemplo, los hijos con sus padres o los alumnos con sus maestros, los principios son diferentes. Existe un nivel insuperable entre tomar y dar entre padres e hijos. Los hijos a través de sus padres reciben la vida por lo que este vínculo se mantiene, pase lo que pase.

¿Qué puedes hacer? Aceptar que no puedes llegar a un equilibrio con las personas que están en una jerarquía superior o inferior a la tuya. Lo ordenado es que las personas que están en una jerarquía superior den y las que están en una jerarquía inferior tomen. Así, lo natural es que el maestro enseñe a los alumnos y los padres apoyen a sus hijos para que crezcan sanos.

¡Da con gusto cuando estés arriba y toma con gusto cuando estés abajo! Disfrutarás cada experiencia y te sentirás en paz, aunque no llegues al equilibrio. Además, haces que la vida fluya como agua abundante formando una hermosa cascada. ¿Cuál es la clave? La gratitud y el respeto. ¿Recuerdas que éstos son los ingredientes indispensables para mantener el orden en los sistemas familiares?

Cuando estés en una situación en la que no puedes devolver equilibradamente lo que recibes, agradece. Toma lo que recibes con amor y reconoce a la persona que te lo da. Lo tomas como un regalo y das gratitud y respeto a cambio.

Una solución adicional es pasar a otros lo que se recibe. De esta manera los hijos pasan lo que recibieron de sus padres, en primer lugar, a sus propios hijos, y si no tienen hijos, en un compromiso con otras personas. Los que se dan cuenta de esta salida, dejan de sentirse en deuda y son capaces de tomar mucho, pasando lo recibido a otros.

Esto es válido en otros ámbitos. En cualquier relación en donde no es posible llegar a un equilibrio, dando en la medida que has tomado, aún tienes la posibilidad de sentirte liberado de la deuda, pasando lo que recibiste a otros y agradeciendo. Por ejemplo, mi relación con el maestro Bert Hellinger, creador de las Constelaciones Familiares, sigue presente para mí.

De él tomé mucho, tanto que considero que hay una Magui antes de Bert Hellinger y una Magui después de Bert Hellinger. Agradecerle, respetarlo y pasar a otros lo que aprendí de él es una manera de liberarme de la sensación de deuda. Realizar *Sana tu familia* con lo que aprendí de él y compartirlo con muchos que puedan beneficiarse me da alegría. Pasando a otros, puedo tomar mucho de excelentes maestros.

Ya lo sabes: toma con gusto, agradece y respeta, y luego da a otros con generosidad. ¡Ésta es la clave para una vida plena y feliz!

¿Qué hacer cuando te dan o das algo negativo?

En ocasiones no puedes evitar hacerle daño a alguien que amas y cuando esto sucede, sientes culpa y la sensación de que mereces un castigo. Cuando alguien te hace daño, te sientes con derecho de regresarle el daño también. Esto es una característica humana y tiene que ver con la balanza interna que busca equilibrar los intercambios que haces.

Ya aprendiste que cuando das algo positivo, sientes derecho de recibirlo también y cuando te dan algo positivo te sientes obligado a darlo. Lo mismo ocurre cuando el intercambio es negativo. Si te dan algo negativo, sientes derecho de regresarlo y cuando das algo negativo sientes que mereces un castigo.

Sólo cuando los dos, el que hizo el daño y el afectado, sienten que el culpable pagó su "castigo", tienen la posibilidad de llegar a la reconciliación. Hay dos posibilidades para compensar: una solución es que el afectado devuelva un poco menos del daño que recibió, otra, que desde mi punto de vista es la más coherente, es que quien causó el daño compense haciendo algo bueno por el que resultó afectado.

Lo más probable es que hagas esto naturalmente, sin darte cuenta. Las personas que tienen una balanza calibrada lo llevan a cabo y tienen un sentido común básico para mantener la salud en sus relaciones. Por ejemplo, quedas con un amigo para ir al cine, compras los boletos y no llega. ¿Cómo lo equilibras? Hay dos opciones: le devuelves lo que te hizo, pero en pequeño, o te compensa con algo positivo.

Lo ideal es que tu amigo te compense con algo positivo, por ejemplo, invitándote él al cine, visitándote, escuchándote hablar de algún problema, disculpándose.

Pero si él no hace nada para compensarte, lo que tú puedes hacer es expresarle tu molestia, dejarle de hablar un tiempo, no contestarle su llamada inmediatamente. Estas acciones ejemplifican lo que es devolver un poco menos del daño que él te hizo a ti.

Como ves, no tienen que ser castigos graves, son pequeñas acciones que se hacen de manera natural en las relaciones, para poner límites y establecer la forma en la que deseamos ser tratados por los demás.

Cuando en una relación íntima se perdona sin haber compensado antes, se puede generar un desequilibrio mayor, que destruye el intercambio y la relación. Es decir, perdonar sirve para dejar atrás el dolor y el enojo, pero se debe hacer hasta que la relación está en equilibrio. Por ejemplo, un miembro de la pareja malgasta todos los ahorros que el otro había juntado para comprar la casa de sus sueños. ¿Tú crees que si el afectado lo perdona, el que tomó el dinero se va a sentir mejor o se va a sentir más miserable? ¿Y van a poder seguir con su relación de pareja como si nada hubiera sucedido?

Si se pasa al perdón velozmente, se saltan la parte del castigo, que es muy importante para llegar al equilibrio. El castigo les sirve a ambos, el que dañó paga su culpa y el afectado libera coraje y dolor. Sólo así, los dos se pueden poner en el mismo nivel otra vez. Entonces, el perdón sirve para pasar la hoja y escribir un nuevo capítulo en sus vidas. Es decir, si el que daña no recibe ningún castigo y es perdonado, se va a colocar en una jerarquía muy por debajo de su pareja, jamás estarán a la altura y la distancia será un gran peso para ambos.

Cuando tu balanza está bien calibrada, sabes cuál es el castigo que necesitas poner o recibir, y te sale naturalmente. El castigo debe ser una consecuencia lógica de lo que sucedió. Por ejemplo, en los casos que he visto, cuando una infidelidad se descubre, hay una separación y luego, deciden si desean regresar, y hacen un "inventario" de los daños, de las causas, y en base a eso compensan.

Cada quien enmienda su parte y el perdón llega cuando los dos han hecho la parte que les toca para equilibrar.

A veces el castigo puede ser algo tan sencillo como lamentar profundamente lo que se hizo o la sensación de culpa por el dolor que se causó. Cuando el castigo fue suficiente, el perdón trae el regalo de un inicio limpio sin cargas del pasado.

Si uno de los dos es el "malo", el que dañó, y otro el "bueno", el que sufrió, no van a poder arrancar desde el mismo lugar, uno va a ser superior al otro y la relación va a perderse. Cuando un miembro de la pareja tiene una deuda gigantesca con el otro por los errores cometidos y siguen juntos, aunque el otro se sienta el bueno y vencedor, en realidad está perdiendo. Recuerda que el miembro de la pareja que se siente inferior es el que se enoja y se va. Este "irse" puede ser a nivel emocional. Es mejor poner un castigo a ser tan bueno y perdonar todo lo que te hacen. Te rodearás de personas abusivas o de personas que se sientan muy mal consigo mismas. Lo más amoroso es dejarlos pagar por lo que hicieron, ¿verdad?

Sin embargo, poner castigos para desquitarte o hacer sentir mal al otro es diferente. El intercambio negativo destruye muchas relaciones y las personas son infelices. Si te hacen algo negativo y tú lo regresas, la otra persona sentirá derecho de devolverte algo negativo también. Esta historia no tiene fin, ya que todos se sentirán ofendidos y con derecho de desquitarse.

Perdonar a alguien que te hace algo negativo y quedarte en la relación sin que esa persona compense, tampoco te conviene y ya viste por qué. La relación estará en desequilibrio y, a menos que lamente lo que hizo, volverá a hacer algo que te dañe. ¿Entonces cómo logras encontrar el justo medio?

Te doy otro ejemplo: la esposa olvida un compromiso con el esposo. Si el esposo "la castiga" con una consecuencia lógica, podrían ser los siguientes ejemplos:

- El esposo está molesto con ella por un tiempo.
- El esposo le explica cómo le afectó su olvido.
- El esposo le pide que lo compense haciendo algo que a él le gusta (ver una de las películas que a él le gustan y a ella no tanto, cocinarle un platillo favorito, etcétera).

Si la esposa reconoce su olvido, lo lamenta y desea compensar con algo positivo. Podríamos pensar en los siguientes ejemplos:

- La esposa se disculpa honestamente.
- La esposa le da un regalo a su esposo.
- La esposa hace algo que apoya a su esposo.
- La esposa consiente a su esposo con un masaje o una cena.

En los sistemas familiares hay muchas soluciones posibles y todo esto podría funcionar. Cada sistema va probando hasta que encuentra su equilibrio perfecto.

¿Qué no sería tan adecuado? Que el esposo quiera hacerle lo mismo para desquitarse y, por ejemplo, la siguiente vez que ella tenga un compromiso, él lo "olvide". Esto podría generar un intercambio negativo en el que se agredan uno al otro lastimándose sin fin.

¿Cuál es la conclusión? Compensa con algo positivo lo negativo que des en tus relaciones. Si a ti te dan algo negativo, haz lo posible para que te compensen positivamente, y si no se puede, encuentra un castigo lógico y prudente, una vez que estés en equilibrio, perdona. De esta manera cumples las exigencias tanto del amor como de la justicia, y el intercambio positivo puede reanudarse y continuar. ¡Quedó clarísimo!

¿Cómo alcanzas la felicidad y el compromiso en tus relaciones?

Enriqueces tu vida en la medida que tomas y das. Si tomas y das poquito, tu vida funciona al mínimo. En cambio, gozas una vida plena cuando tomas y das mucho.

Mientras más extenso es el intercambio, el tubo de conexión engorda, el vínculo se hace más fuerte. Esto quiere decir que una persona que da mucho y que toma mucho genera tubos de conexión agradables y vínculos más fuertes con los demás. Por eso, si quieres incrementar tu lista de amigos, tienes que tomar y dar mucho más de lo que ya lo haces.

El nivel de compromiso es igual que el grosor del tubo de conexión. Entonces, cuando una persona se compromete puede tomar y dar más. En cambio, cuando una persona quiere ser libre, sin tubos de conexión, toma y da poquito.

Las personas felices tienen mucho para dar porque han tomado en abundancia. Son personas comprometidas con tubos de conexión que les dan apoyo y las nutren. El compromiso que puedes adquirir está relacionado con tu capacidad para tomar y tu disposición para dar a otros.

¿Cómo aprendes a tomar en abundancia? La manera en la que tomas ahora tiene que ver con la forma en la que aprendiste a hacerlo de tus padres. Nadie te puede dar lo que debes tomar de tus padres y ancestros, y tu relación con ellos marca todos los vínculos que tienes con los demás. Si pudiste tomar de tus padres y aprendiste a hacerlo con gusto, tus vínculos con las demás personas serán equilibrados. Si no lo hiciste, tus relaciones serán complicadas y batallarás para encontrar la felicidad. ¡Lo bueno es que ahora puedes aprender y mejorar!

En resumen, las personas que toman mucho dan en abundancia, son felices y están dispuestas a comprometerse. Un ejemplo de ello es la Madre Teresa de Calcuta, quien durante más de 45 años atendió a pobres, enfermos, huérfanos y moribundos en tanto que expandía su congregación en la India y en otros países del mundo. ¿Por qué podía dar tanto? Ella decía que tomaba de Dios y por eso podía dar tanto, siendo feliz y con gran compromiso. Mientras más daba, más tomaba, más feliz se sentía y más se comprometía. Así funciona.

La felicidad y el compromiso van de la mano y se alcanzan dando y tomando mucho. ¡A tomar y a dar con abundancia!

Aplica el Método Magui Block® para encontrar el equilibrio entre lo que das y lo que tomas

Ahora aplica el método para llegar a un equilibrio justo entre lo que das y tomas en tus relaciones. Con la lectura pudiste aprender la importancia de tener intercambios justos y de calibrar tu balanza interna. Posiblemente reconociste la necesidad de hacer una limpieza en tus relaciones, terminando algunas de ellas o modificando la manera en la que das y tomas.

Los enredos han sido identificados y el camino de solución integrado. Ahora utiliza la parte que falta para lograr un cambio positivo.

Adopta la postura física correcta, evoca el amor y repite la frase en voz alta.

La postura física correcta:

- Cuerpo erguido, imaginando que tu cabeza toca el cielo y tus pies están firmes en la tierra.
- Centrado y relajado, con tu corazón y tu mente cristalinos.
- Tus manos, una sobre la otra, en el ombligo, imaginando que se conectan con el espacio que está cerca de tu columna vertebral por dentro de tu cuerpo. (Si eres mujer, pon la palma de la mano derecha en tu ombligo y la palma de la mano izquierda sobre el dorso de la mano derecha. Si eres hombre, pon la mano izquierda en tu ombligo y la palma de la mano derecha sobre el dorso de la mano izquierda.)

Evoca el amor:

- Recuerda tus ganas de sanar y sonríe.
- Siente aprecio por ti mismo.
- Agradece el momento.

El poder de la palabra:

- Expresa en voz alta la frase.
- Escucha cómo lo dices y repítelo hasta que lo puedas decir con facilidad.

Ahora, en la postura correcta, evocando el amor, repite en voz alta con firmeza:

Sana tu familia

Encuentro el equilibrio entre lo que doy y lo que tomo.

Mis intercambios son justos.

Tomo con alegría y amor lo que me dan.

Doy con alegría y amor a los demás, tanto como les nutre
y beneficia a la relación.

Disfruto estar vulnerable y tomar.

Tomo en abundancia.

Únicamente tomo lo que es bueno para mí.

Tomo tanto como quiero dar.

Disfruto dar generosamente.

Doy lo que el otro quiere recibir.

Doy tanto como el otro quiere darme a mí.

Doy respetándome a mí y respetando al otro.

Doy y tomo en equilibrio.

Me dan y toman de mí en equilibrio.

Compenso lo negativo que he dado y tomado.

Mis intercambios son justos.

Hay equilibrio entre lo que doy y lo que tomo.

Termino con las relaciones desequilibradas.

Mis relaciones son nutrientes.

Tomo con alegría y amor lo que me dan.

Doy y tomo en equilibrio.

Mis intercambios son justos.

Hay equilibrio entre lo que doy y lo que tomo.

Doy y tomo en equilibrio.

Me dan y toman de mí en equilibrio.

Estoy en perfecto equilibrio.

Estoy en perfecto equilibrio.

Estoy en perfecto equilibrio.

Gracias.

CLAVE #5: RESUELVE TUS CICLOS DE VIOLENCIA Y PONTE EN PAZ

Muchas veces es difícil reconocerte como víctima o como persona que daña a otros. Procura leer lo que sigue con la mente abierta y el corazón blandito. Aprenderás acerca de la teoría y luego podrás aterrizarlo en la práctica con los casos de la vida real. Sólo si dejas que la información penetre, podrás transformarte y resolver tus ciclos de violencia. Lo lograrás fácilmente sin resistirte, entendiendo profundamente las dinámicas en las que te enredas, cuando ves lo que tú y los demás hacen, de una manera nueva y diferente a lo usual.

¿Cómo te involucras en un ciclo de violencia?

Existe la necesidad de equilibrio y justicia en tus relaciones. Cuando alguien genera un daño, lo natural es querer que reciba un castigo por lo que hizo. En general, los seres humanos tienden a defender al que consideran más débil y necesitado. Hay un instinto de justicia que te lleva a ayudar al necesitado y se hace evidente cuando suceden eventos como un tsunami, un terremoto o algún evento trágico. Sin embargo, este instinto de justicia, que es una cualidad humana, puede generar ciclos de violencia cuando está fuera de equilibrio.

Cuando alguien te hace daño, te sientes con derecho de regresarle el daño que te causó. Mientras mayor sea el daño que sufres, te sientes con más derecho a generarle daño al otro. Quieres y necesitas que pague por lo que hizo, que sea castigado, que lo sufra como tú lo has sufrido, entonces le causas daño. El otro siente que el daño que le hiciste es inmerecido o es demasiado. Tal vez siente que lo que hizo no fue tan grave o ni siquiera tiene conciencia del daño que causó. Medir el daño y el sufrimiento es subjetivo. Ahora es el otro quien se siente con derecho de causarte daño en búsqueda de justicia y equilibrio. En este ejemplo empiezas como víctima, siendo dañado por el otro y luego te sientes con derecho de desquitarte y te conviertes en perpetrador, la persona que hace daño. Así, el otro empezó como tu perpetrador y después pasó a ser tu víctima, generándose un ciclo víctima-perpetrador-perpetrador-víctima en el que cada vez hay más violencia.

Este caso de la vida real ejemplifica claramente cómo una persona pasa de perpetrador a víctima y el ciclo de violencia crece: Candelaria empieza a robar de a poquito en el lugar donde trabaja. Uno de sus tíos la descubre y le pide dinero. Ella no lo tiene y su tío la amenaza con acusarla. Ahora tiene que robar más, presionada por él. Al tomar más dinero, la descubren en su trabajo y la despiden. Candelaria le ruega a su jefe que no la despida, se disculpa, pero él no acepta. El jefe decide no hablar a la policía porque si lo hace encarcelarán a Candelaria en ese momento y no quiere llegar a ese extremo, sin embargo, está muy enojado y cuando alguien habla y pregunta por ella, él dice que ya no trabaja ahí porque robó. Candelaria se siente ofendida y ofuscada, ella cree que es mucho peor que la expongan de esa manera, que el hecho de que ella robara. Así que inventa una historia de acoso sexual y le va añadiendo detalles, incrementando la gravedad de las acusaciones. Se apoya en un abogado que le cree y se apiada de ella. ¿Quién no le creería a una pobre joven tímida temblando de miedo? Como no hay pruebas de un acoso sexual que supuestamente ocurrió por años, deciden demandar laboralmente y obtienen una indemnización.

El jefe sufrió robos, acusaciones falsas y además tuvo que dar un dinero que no correspondía, no obstante, rompió la discreción y no levantó un acta de robo en el momento oportuno. Candelaria robó, fue amenazada por su tío para robar, no se le trató con dignidad en su trabajo al mencionar su causa de salida, acusó injustamente y obtuvo más dinero del que le correspondía.

Ambos, Candelaria y su jefe, participaron en un ciclo de violencia e intercambiaron roles de víctima y perpetrador. Se puede decir que Candelaria fue la perpetradora y su jefe la víctima. Los dos participaron y tienen responsabilidad. El jefe podría haber continuado el ciclo de violencia al perseguirla penalmente encargando el caso a particulares, poniendo dinero y energía, pero lo que eligió fue cortar el ciclo de violencia, levantó un acta y dejó que la justicia pública siguiera su curso. ¿Qué pasó después? Aparentemente nada, pero la relación con Candelaria terminó y el jefe ya no se sintió ni víctima ni perpetrador.

A veces te involucras en los ciclos de violencia de otras personas, como le sucedió al abogado que defendió a Candelaria. Si tú no fuiste el agredido, pero consideras que la persona o las personas que sufrieron no están en una posición fuerte para defenderse, es probable que te sientas con la obligación de ayudarlos a protegerse. De cualquier manera, el ciclo víctima–perpetrador–perpetrador-víctima es el mismo y puede ir creciendo en violencia. Por eso, antes de involucrarte en un asunto, averigua realmente qué está pasando. En ocasiones, el que se muestra como la víctima es el perpetrador.

¿Qué significa ser una víctima y ser un perpetrador?

La víctima y el perpetrador son dos fuerzas o energías que forman parte de todos los sistemas familiares. Se presentan en la familia como personas específicas que participan en una historia violenta.

Una víctima es quien sufre un daño provocado por una o varias personas, o por una fuerza mayor, como los desastres naturales o las guerras. Este daño puede ser causado intencionalmente o sin querer. El daño puede ser físico, material, moral o psicológico. Una víctima no sólo se siente sin poder, sino que realmente no lo tiene, en otras palabras, no se puede defender, está en peligro porque le falta la fuerza para enfrentar exitosamente aquello que la daña.

Eres una víctima cuando tú o los miembros cercanos de tu familia están en peligro o sufren un daño y no pueden protegerse. Reconoces ser una víctima por la sensación de pánico, de vulnerabilidad, de sentirte rebasado por las circunstancias y de depender totalmente de la ayuda que te brinda alguien más.

Son víctimas las personas que sufren negligencias médicas, robos, secuestros, asesinatos, violaciones, ataques, accidentes, terrorismo, guerras y las que tienen pérdidas por desastres naturales.

Un perpetrador es quien comete un delito o quien daña a alguien más, en su persona o en sus bienes. Puede ser que el daño ocurra en un accidente o sea intencional. Un perpetrador se siente con fuerza y poder, con derecho de dañar, como si la razón o la justicia estuviera de su lado. No siente el peligro, se siente invencible.

Eres el perpetrador cuando te sientes lleno de coraje, no mides consecuencias, estallas sin escuchar a los demás, sientes que tu verdad es la única que existe y estás dispuesto a todo.

Son perpetradores las personas que roban, atacan, violan, secuestran, cometen delitos, agreden, participan en actos terroristas, matan, en un accidente dañan a otros o los lastiman.

Este tipo de energías las puedes ver diariamente en las noticias internacionales y locales. En una manifestación hay víctimas y hay perpetradores. En un instante una víctima puede pasar a ser un perpetrador y viceversa. Estas fuerzas permanecen tan unidas que siempre llegan juntas.

Siendo honesto contigo mismo podrás reconocer que has experimentado estas dos fuerzas, y de hecho bien manejadas son necesarias. Cuando estás en la víctima, reconoces tu pequeñez y te haces humilde, pides ayuda y puedes recibirla. Cuando estás en el perpetrador, te sientes poderoso y puedes protegerte a ti mismo, a tus seres queridos y lo que es tuyo.

En ocasiones te toca ser víctima y otras veces ser perpetrador, así que dales la bienvenida a estas dos fuerzas y reconócelas en ti.

¡Lo estás haciendo muy bien!

¿Ser una víctima o un perpetrador es parte de tu destino?

¿Qué es el destino? Es lo que a cada persona le toca vivir. ¿Y ya está escrito? Según Bert Hellinger, el destino en gran parte está predeterminado, a través de tus padres, de tu patria y de todos con quienes coincides. Esto hace que no seas plenamente libre para decidir, ya que hay fuerzas ocultas que influyen en tu vida y en las acciones que realizas. Suena lógico, ¿verdad?

Mientras más poderosa es una persona, más libre es de decidir. Te puedes liberar de ser una víctima o un perpetrador al sanar los asuntos familiares que te impiden hacer lo que deseas. Por ejemplo, cuando recibes mucha energía de vida de tus ancestros, tienes la fuerza y los recursos que necesitas para hacer lo que quieres. Cuando no estás cargando el destino de otras personas, puedes hacer lo tuyo. Cuando ocupas tu lugar en la familia, ocupas tu lugar en el mundo. Cuando tus intercambios son equilibrados, tienes relaciones sanas que te impulsan a dar lo mejor, sin ser maltratado ni maltratar.

Has aprendido que cada miembro de la familia tiene una función y que cuando alguien no la cumple, otras personas sienten un tirón para hacerlo en su lugar. Cuando una víctima o un perpetrador del pasado de tu familia no ocupan su lugar, ni asumen su historia, alguien de la familia lo va a repetir. Si ese "alguien" eres tú, te involucrarás inconscientemente, por amor ciego, en un evento violento.

Por ejemplo, una familia rica pierde sus bienes en la Revolución mexicana. Los abuelos viven resentidos sin aceptar lo que les pasó, recordando con melancolía y coraje lo que tenían y les fue arrebatado. Todo el tiempo hablan de sus perpetradores y su atención está en ellos. De los que no hablan son de las víctimas. Hay tanto dolor en lo que se vivió que no reconocen a los trabajadores de la hacienda que fueron asesinados, las mujeres que fueron robadas y violadas, y los asesinatos de algunos miembros de la familia. Lo menos doloroso lo rememoran y ponen su coraje en los agresores, sin querer recordar lo que perdieron que más les duele. Al hacer esto, excluyen a las víctimas.

Cuando excluyes a un miembro de tu familia, inconscientemente repites su historia. Si excluyes a una víctima, sufrirás algún evento en el que seas víctima. Si excluyes a un perpetrador, te convertirás en uno. Todo esto sucederá sin que te des cuenta de lo que ocurre realmente, lo haces por amor ciego a tu familia, sacrificándote porque crees que es lo que tienes que hacer por ellos.

En el caso de la familia que fue víctima de la Revolución mexicana, varios nietos han perdido su dinero en fraudes o han sido víctimas de accidentes y negligencias médicas. Sin querer, inconscientemente, han atraído perpetradores para ser leales a su familia y repetir la historia en la que son víctimas. Los ciclos se repetirán hasta que realicen los pasos para sanar y resuelvan sus ciclos de violencia. ¡Estás a punto de resolver los tuyos!

Como ves, las víctimas y los perpetradores cumplen con una función y con un destino dentro de los sistemas familiares. Cuando la relación con otra persona te hace feliz y te nutre, con gusto la aceptas como parte de tu destino. En cambio, cuando la relación con otra persona te daña, deseas que se haga justicia y ser compensado por el daño que sufriste, en este caso, no la aceptas como parte de tu destino. ¡Un paso importante es aceptarla!

La solución es mirar a la persona que te hizo daño, reconociendo que sus destinos están entrelazados, percibirla como un ser humano dentro de un contexto mayor, unida a su sistema familiar y percibirte a ti mismo unido a tu sistema familiar. De esta manera, te conectas con un poder mayor en donde las diferencias individuales y los daños individuales se compensan. Así puedes amar tu destino, tal como es. Este amor al destino te da grandeza y poder debido a que estás en paz con tu vida y con lo que te ha tocado vivir.

Cuando reconoces la conexión que hay con tu familia, descubres los enredos y puedes desenredarte, pero si sigues pensando que todo lo que haces es voluntario, niegas el poder que tu inconsciente ha tenido sobre ti. ¿Cómo podrás resolverlo si lo niegas?

Por eso, para Bert Hellinger, muchas veces los perpetradores también son víctimas, víctimas de lo que les dictó su sistema y su destino. Sin embargo, independientemente del destino y de los dictados del sistema, eres responsable de tus actos. Aunque un perpetrador haya actuado por lealtad familiar, es responsable de todo el daño que haya causado a otros y para estar en paz tiene que asumir esta culpa frente a las víctimas.

De este modo, es más fácil comprender lo que sucede en los ciclos de violencia y lo que hace que una persona sea víctima o perpetrador. Podrás resolver tus atores familiares para que seas libre al borrar de tu guion de vida cualquier rol de víctima o de perpetrador, pero primero tienes que conocer cómo nace un ciclo de violencia. ¡Te estás llenando de recursos nuevos!

¿Cómo nacen los ciclos de violencia?

Los ciclos de violencia que sufres en el presente tienen su origen en el pasado y en la información de todos los sistemas que se relacionan con el tuyo. Tu herencia familiar invisible incluye lo que ha sucedido en todos los sistemas a los que tú y otros miembros de la familia pertenecen. Hay muchos otros sistemas que están relacionados con tu familia, y que posiblemente no habías considerado, por ejemplo, el país donde vives, los países de origen de tus ancestros y de las parejas que los miembros de tu familia eligen, las religiones que practican, las profesiones que ejercen, etcétera.

Hay sistemas familiares que tienen una gran carga de violencia, debido a lo que han vivido sus miembros o los sistemas a los que pertenecen. Por ejemplo, la herencia familiar invisible de una familia judía almacena toda la información de víctimas y perpetradores, aunque no haya perdido a ninguno de sus miembros en el holocausto. Una familia chilena, a pesar de que viva en otro país, tiene en su memoria sistémica lo sucedido en la dictadura de Pinochet. Un mexicano hereda la carga de víctimas y perpetradores por la conquista de los españoles.

Puede ser que tu familia no haya vivido ninguna tragedia, sin embargo, lo que ha sucedido en otros sistemas relacionados le afecta, y algún miembro, por sus características individuales, puede ser víctima o perpetrador por esto.

Es importante que reconozcas los ciclos de violencia que te rodean, ¡porque estás más vinculado con otros sistemas de lo que creías! Aprende del pasado, honra lo que se ha vivido y sólo entonces se quedará atrás.

¿Cómo inició el primer ciclo de violencia?

La fuerza del perpetrador y de la víctima es natural en el ser humano. Pueden funcionar saludable y equilibradamente para recibir ayuda y para defenderte, a pesar de ello, cuando se desbordan, como lo están en el presente, van creciendo y creciendo hasta que casi todos terminan siendo perpetradores y víctimas.

¿Qué hay que hacer? Resolverlo en el presente, reconociendo los enredos del pasado. Por suerte, no tienes que encontrar el primer ciclo de violencia que ocurrió, hay maneras mucho más sencillas de romper con esto.

¿Cómo se resuelven los ciclos de violencia?

Los ciclos de violencia necesitan resolverse en el presente y en el pasado, reconociendo el enredo que los causa.

Los ciclos de violencia del presente

Si estás viviendo un ciclo de violencia es porque estás en el lugar de la víctima o del perpetrador y lo resuelves al encontrar el equilibrio y salirte de estos roles. Tienes que experimentar las dos fuerzas, ir de un polo al otro, conocerlas, equilibrarlas en poder, para luego llegar a tu centro, integrándolas en ti mismo. Si las pones en paz dentro de ti, habrá paz afuera. ¡Vamos a ver cómo puedes hacer esto!

Como es lógico, no existe una víctima sin un perpetrador, ni un perpetrador sin una víctima. Uno existe gracias al otro y aparecen en la escena al mismo tiempo. El primer paso es dejar de percibir a uno como el "bueno" y al otro como el "malo".

Si reconoces que los dos tienen igual valor, podrás hacer que tengan la misma cantidad de fuerza y poder. Entonces, el perpetrador deja de ser el grande y fuerte y la víctima recobra su poder y deja ir su miedo. Sólo si ves a la víctima y al perpetrador en su dignidad, como iguales, les das el lugar que les corresponde y dejas de brincar de un rol al otro. De esta manera, te sales del ciclo de violencia que vives.

Según lo que he experimentado personalmente, cuando he sido víctima, mientras más herida y lastimada me siento, necesito experimentar el otro lado, el enojo, la fuerza y las ganas de que el otro también sufra. Si me permito estar en los dos lados, víctima y perpetrador, contactando con todos los estados de ánimo que se dan en el proceso, sin excluir a ninguna de las partes ni emociones, puedo encontrar la paz y cerrar el ciclo. Si rechazo alguno de estos polos porque no es adecuado, lo excluyo y volverá a hacerse presente en el futuro.

Cuando has sido víctima necesitas encontrar la fuerza para salir adelante y esto te lo da la energía del perpetrador. Desde ahí puedes sentirte poderoso y a salvo, nadie puede meterse contigo. No me refiero a vengarte o a hacer algo que dañe a alguien; es, sencillamente, que al sentir el coraje recuperas el poder que perdiste al ser victimizado.

Todo esto no sustituye ni contradice las leyes ni las estructuras de justicia del lugar donde vives. Si alguien daña, por ejemplo, robando una bolsa, es la obligación y derecho del afectado tomar las medidas necesarias para protegerse y defenderse. Va a la policía, levanta un acta de robo y hace lo necesario para que haya justicia. También se toman medidas de precaución para evitar que algo suceda, como estar alerta y en lugares que sean seguros. Este trabajo se refiere únicamente al proceso interno para estar en paz con las personas que hacen daño y dejar de repetir ciclos en los que eres víctima o perpetrador.

¿Qué hacer si eres la víctima?
Alguien te hace daño y te conviertes en la víctima de un ciclo de violencia. Y ahora, ¿qué haces?

El primer paso ya lo sabes, es dejar de pensar que por ser la víctima eres el bueno de la historia y tu perpetrador es el malo. El segundo paso es reconocer lo que viviste y asumirlo con dignidad. Cuando la víctima carga su destino nadie más en la familia tendrá que repetir esa historia.

Una víctima y su perpetrador están unidos por el mismo destino. Aceptarlo es parte de la sanación. Tal vez no lo entiendas, posiblemente te rebeles y enojes ante esto, pero la sanación está en mantenerte en una postura humilde, en la que el perpetrador y la víctima son los polos opuestos que forman un todo.

El tercer paso es dejar que el perpetrador asuma la responsabilidad y cargue la culpa de lo que hizo. Muchas veces las víctimas no sienten que los perpetradores asumen la responsabilidad de lo que hicieron y por eso lo cargan ellas, sintiéndose apesadumbradas y furiosas. Si no crees que tu perpetrador se da cuenta de lo que hizo y lo cargas tú, ¡jamás lo va a cargar él!

Lo tienes que soltar y dejarlo de su lado. La vida se va a encargar de ponérselo en su camino, pero si tú lo cargas, te afectas a ti mismo y a todos los demás en tu familia.

El cuarto paso es sentir la energía del perpetrador, las ganas de castigar para que compense por lo que hizo. Ésta es la fuerza que necesitas para hacer todo lo que requieres para protegerte, defenderte y realizar los trámites legales que surjan. Si te quedas en la víctima, te paralizas. Aquí es donde utilizas la energía del perpetrador para llenarte de poder y salir adelante.

Y, finalmente, el último paso es cerrar el ciclo y ponerte en paz.

Resumiendo, los pasos para resolver un ciclo de violencia en el que fuiste víctima son:

1. Aceptas que tu destino y el del perpetrador están unidos. Ninguno es bueno ni malo.
2. Cargas con dignidad lo que viviste como la víctima.
3. Dejas que tu perpetrador cargue su culpa.
4. Reconoces tus ganas de vengarte y las utilizas para hacer lo que necesitas y protegerte.
5. Te pones en tu centro.

¿Qué hacer si eres el perpetrador?

Le haces daño a alguien y te conviertes en un perpetrador. ¿Cómo puede suceder algo así? Te comparto algunos casos de la vida real:

- Mariano tiene apenas 19 años y está feliz porque le fue muy bien este semestre en la universidad. Su padre le regala un auto y sale a estrenarlo con sus mejores amigos. Le falta experiencia manejando, pero, como todo joven, siente que se come el mundo. En una curva pierde el control y tienen un accidente. Él es el único que sale ileso, dos mueren de inmediato, uno queda paralítico y otro con bastantes secuelas.

- Jorge tiene una novia de la cual está profundamente enamorado, van a un bar a divertirse y un hombre no para de mirarla. A Jorge le entra gran rabia y le revienta una botella en la cabeza al señor. Había tomado alcohol, se puso celoso y reaccionó con una violencia desbordada.
- Violeta tiene tres hijos y trabaja. Entre las tareas del hogar y la responsabilidad laboral, generalmente se siente abrumada. Cuando está agotada explota con tanta violencia que agrede a alguno de sus hijos verbalmente y dice cosas como "eres un estúpido", "ya no te quiero", "hubiera preferido que no nacieras", etcétera. Después se siente muy mal, pero en el momento no puede contenerse y realmente quiere herirlos.

¿Has perdido el control de tu enojo y cometido algún acto violento? Hay personas que rompen cosas, insultan o que se lastiman a sí mismas.

Todo esto es ejemplo de la energía perpetradora en acción. Eres el perpetrador en un ciclo de violencia cuando dañas en su persona o en sus bienes a alguien más. Mientras más grave es el daño, el vínculo que generas con esa persona es más grande y quedas unido de por vida, por un tubo de conexión muy gordo. Especialmente en los casos en los que, por lo que hiciste, su vida ya no será igual.

Un perpetrador perpetra porque esa energía "lo toma", se apropia de él. En ese momento no tiene conciencia, lo hace impulsado por una fuerza poderosa que lo lleva a sentirse invencible, con derecho de hacer lo que está haciendo, sin medir las consecuencias. Hasta después, cuando esa energía de perpetrar ya no está presente, es cuando puede reconocer la gravedad de lo que hizo.

Si te ha sucedido esto, reconoce el proceso que viviste y acepta que tú y tu víctima están unidos y que no eres malo. Replicaste lo que estaba en tu sistema y no tuviste la fuerza para hacerlo distinto. El siguiente paso es aceptar tu culpa real y responsabilizarte de lo que hiciste. ¿Exactamente qué fue lo que hiciste? Reconoce tu parte, sin hacerlo pequeño y sin agrandarlo. Asumir la culpa real te da poder: si lo haces grande, le quitas poder a tu víctima; si lo haces pequeño, dejas que tu víctima cargue lo que te corresponde. Cada quien tiene que cargar su parte de la historia. ¿Cómo sabes cuál es la culpa real? Haz una lista de lo que pasó y con objetividad analiza qué estaba en tu control y qué no. Lo que estaba en tu control es tu culpa real.

Por ejemplo, Mariano es responsable por haber manejado imprudentemente. La muerte y el daño de sus amigos fue un accidente. Si él carga con esas muertes se pone en un lugar muy alto, como si él pudiera controlar quién vive, quién queda mal, quién muere, etcétera. Cuando algo grave pasa, muchos quieren hacer trueques y creen que ellos pueden decidir si alguien vive o muere. Creen que si hubieran hecho otra cosa las personas amadas estarían bien, estarían vivas.

Por eso, es sumamente importante reconocer la responsabilidad real, la culpa es sobre lo que de verdad estuvo en tu control, la vida y la muerte no lo están.

Jorge es responsable por haber tomado de más, por tener un problema de celos, por no poder dirigir su enojo sanamente y por agredir a otra persona. En este caso, el evento sirvió para que aprendiera a manejarse diferente.

El caso de Violeta es como el de Jorge. Si se responsabiliza adecuadamente podrá dirigir esa culpa real para tener el poder y "ganarle" a la energía de perpetrador que se adueña de ella por agotamiento. Sus hijos lo valen y se lo merecen. Mientras más responsable sea, mayor poder tendrá para salirse del ciclo.

Una vez que te has responsabilizado de tu culpa real y tu víctima asume su dolor, podrás ver si existe algo que podría compensar lo que hiciste. Muchas veces no hay manera de pagar el daño causado, entonces es importante renunciar a hacerlo y aceptar que así es, porque amargarte la vida sólo trae más dolor.

Imagina que hubo una razón superior, algo que no entiendes, pero que hizo que tuvieras que vivirlo. Tú debías ser un perpetrador de esa persona, les tocó, y no puedes cambiarlo ya, entonces pregúntate: ¿hay algo que pueda hacer que sea bueno para los involucrados?

Una vez que reconoces que nada de lo que hagas va a sanar el dolor de la víctima, ¿qué puedes hacer que le aligere o mejore su presente?

Por ejemplo, si en un accidente de tránsito muere un padre de familia, el que causó el accidente podría pagar la escuela de los hijos que quedaron huérfanos. No le puede devolver la vida al padre, ni puede ocupar su lugar. Nada sería suficiente para compensar la falta de un padre, simplemente hace algo positivo por los hijos y por la viuda, y lo hace humildemente.

Cada perpetrador debe encontrar su solución. En el caso de Mariano, que se siente muy culpable por la muerte de sus amigos, una manera de compensar es mantenerse en contacto con los padres que perdieron a sus hijos, si esto es posible, reconociendo que honra su memoria. Hacer cosas lindas para estos padres les demuestra que reconoce el dolor que les causó y que se responsabiliza de lo que hizo. También demuestra que ha aprendido la lección y que nadie más va a padecer por su imprudencia al volante.

La mayor parte de los perpetradores huyen, no quieren ver ni sentir lo que hicieron y hacen como si no hubiera pasado nada. Cuando una víctima puede darse cuenta de que su perpetrador lamenta profundamente lo que hizo, encuentra su paz más fácilmente.

Resumiendo, los pasos para resolver un ciclo de violencia en el que fuiste el perpetrador son:

1. Aceptas que tu destino y el de la víctima están unidos. Ninguno es bueno ni malo.
2. Cargas la culpa real y lo haces responsabilizándote adecuadamente, ni de más ni de menos.
3. Dejas que tu víctima cargue su dolor.
4. Reconoces las ganas de castigarte, de pagar por lo que hiciste o de salir huyendo, pero en lugar de hacer eso, identificas si hay algo que pueda aligerar el dolor de tu víctima.
5. Te pones en tu centro.

Una vez que resuelves el ciclo de violencia que vives en el presente, necesitas desenterrar las causas reales, lo que te hizo cargar esa energía de perpetrador o de víctima. ¿Estás listo? ¡Tú puedes! Lo estás haciendo muy bien, que hayas llegado hasta aquí demuestra tu valentía y el amor que tienes para sanar tu familia.

Los ciclos de violencia del pasado

Para que puedas estar en paz, sin responder como víctima o perpetrador a lo que te sucede en el presente, tienes que desactivar los ciclos de violencia que están activos en tu herencia familiar invisible.

Cuando en la historia de tu familia hay víctimas o perpetradores excluidos, se repetirán sus historias. Normalmente se excluye a alguno de los grupos. ¿Por qué? Hay familias que recuerdan solamente a los perpetradores, otras centran su atención en las víctimas. He visto que hay familias que centran la atención en los perpetradores porque les duele recordar a las víctimas y por eso las olvidan. Lo que sucede, en consecuencia, es que repiten la historia convirtiéndose en víctimas (les roban, los agreden, sufren accidentes, etcétera). Si, por el contrario, excluyes a los perpetradores, los incluyes en tus actos al convertirte en perpetrador en potencia (agredes, causas accidentes, lastimas, etcétera). ¡Todo esto sin darte cuenta!

Los ciclos de violencia se inician cuando algún miembro de tu familia es asesinado o asesina a alguien más, causa un daño grave o lo recibe, participa en una guerra, etcétera. Para que un evento de esta naturaleza se sane, los perpetradores, es decir los que asesinaron o causaron el daño, tienen que asumir su responsabilidad y cargar con la culpa por sus acciones. Las víctimas tienen que dejar que los perpetradores asuman su responsabilidad y no cargarla por ellos. Solamente aceptando el destino que a cada quien le tocó, pueden descansar en paz.

La paz, según lo explica Bert Hellinger en su libro *La paz inicia en el alma,* es la reunificación de cosas opuestas que se da cuando diferentes bandos reconocen a los que están excluidos y guardan luto por sus víctimas y las de los otros bandos, y se afligen por el sufrimiento que se han causado mutuamente. Esto sólo se puede lograr cuando todos se ven como iguales, reconociendo las cualidades del otro y dejando que cada quien asuma su responsabilidad. Cuando dejas que el otro asuma su culpa, renuncias a hacerte cargo de la justicia, es decir, renuncias a "castigar" al otro por lo que hizo.

La reconciliación sucede cuando los miembros de un grupo pueden ver a miembros del grupo que ha sido su enemigo, reconociendo que en lo profundo son iguales. Entonces pueden sentir su propio sufrimiento y el sufrimiento que les causaron a los miembros del otro grupo. Cuando grupos que se oponen hacen sus duelos juntos y lloran por el daño que recibieron y que causaron, dejan de exigir justicia y de pretender castigar al otro. Se dan cuenta de que seguir con la violencia únicamente va a traerles más dolor, por lo tanto, pueden dirigir su atención hacia un futuro más feliz, se enfocan en soluciones que beneficien a ambos, respetando las diferencias.

Cualquier movimiento hacia la paz debería comenzar por incluir a los perpetradores en el sistema. Cuando los perpetradores son tratados con dignidad y respeto, como seres valiosos, pueden responder por sus actos. Generalmente, a los perpetradores se les castiga por sus actos y se les excluye de la comunidad. Con eso se pretende que se rehabiliten, o sea, que aprendan a no volver a causar daño y que hagan algo positivo para la sociedad.

Cuando los perpetradores pueden ver el sufrimiento que les causaron a sus víctimas, se responsabilizan y eligen rehabilitarse. Cuando no reconocen el dolor de sus víctimas, pueden estar años en la cárcel, excluidos, acumulando odio y luego salen con más fuerza para hacer daño. Además, en tanto que se les siga excluyendo, otros miembros del sistema representarán a los perpetradores y será una historia de nunca acabar. Cada vez las cárceles estarán más llenas.

Incluir a los perpetradores en el sistema y darles un lugar digno, como personas igual de valiosas que las demás, hará que puedan responsabilizarse por sus actos y que otras personas dejen de representarlos. Por eso, una buena solución sería que los perpetradores que están presos tuvieran algún tipo de contacto con sus víctimas, por ejemplo, leyeran cartas donde ellas describen su dolor y cómo les afectó el evento. Esto haría que los perpetradores, algunos, pudieran humanizarse y reconocer la gravedad de sus acciones. Así se daría una verdadera rehabilitación y los ciclos de violencia se resolverían.

Resuelve únicamente tu pequeña parte

Cuando una persona está vinculada con su grupo, no ve a los demás como individuos, los ve como miembros de otro grupo. De esta manera, en vez de ver a la otra persona tal como es, la ve con todas las creencias que tiene acerca del grupo al que pertenece.

Si una persona cree que los mexicanos son muy generosos y duermen la siesta por la tarde, al conocer a un mexicano inmediatamente va a suponer que así es y ni siquiera va a darse la oportunidad de conocer cómo es ese mexicano. Si un israelí conoce a un palestino y se relacionan con las creencias de sus respectivos grupos, la convivencia será difícil, ya que un grupo estará enfrentándose con otro grupo; en cambio, si hacen a un lado sus respectivos grupos y se relacionan de individuo a individuo, podrán conocerse, entenderse y apreciarse.

En la película *Cartas desde Iwo Jima* hay una escena en la que un grupo de soldados japoneses lee una carta que recibió un soldado americano muerto. Al escuchar el contenido de la carta pudieron ver al soldado americano como un individuo igual a ellos.

Las palabras de la mamá del soldado americano eran las mismas palabras que ellos recibían en las cartas de sus madres japonesas. Esto hizo que se percibieran como iguales, luchando en diferentes bandos por la lealtad a sus propios países. Reconocieron el dolor de la madre americana, su propio dolor y el dolor del soldado americano.

Por eso, uno de los primeros pasos para lograr la paz y resolver tus ciclos de violencia es que puedas desvincularte de los grupos a los que perteneces y que veas a los demás como individuos solamente. Al ver al otro de esta manera, puedes reconocer su dolor y sus pérdidas. También puedes dejar que asuma la responsabilidad por los actos que cometió individualmente y no por los que cometió su grupo. Cuando los individuos de diferentes grupos pueden hacer esto, se da una reconciliación que lleva a la paz. Cada quien tiene que hacer su pequeña parte.

Si dejas de cargar todo lo que hay en los grupos a los que perteneces y cargas exclusivamente lo tuyo, sanarás tu parte, que es la única que puedes sanar de todos modos. Introducirás esa información como una nueva posibilidad en tu herencia familiar invisible y estará accesible para todos los miembros de tu familia. Cuando muchas personas hagan esto, carguen sólo su pequeña parte y la resuelvan, los ciclos de violencia dejarán de existir. ¡Será increíble!

¿Cómo logras estar en paz contigo mismo?

Hay otro aspecto necesario para conseguir la paz: reconciliarte contigo mismo, con lo que eres.

Esta reconciliación empieza en tu alma al abrirte a todo lo que eres. Cuando te das cuenta de que estás mucho mejor si te abres y recibes todo lo que la vida tiene para ti, te llenas de la energía de vida y funcionas muy bien.

La energía de vida te llega a través de tus padres. Honras a tus padres y a todos tus ancestros al recibir con aprecio y humildad lo que te llega de ellos, entonces la energía de vida fluye hacia ti. Mientras más honres con humildad, más recibirás de tus ancestros. Es como una gran cascada de agua luminosa: mientras más inclinada sea la pendiente, con más fuerza fluye el agua hacia ti. Si crees que tus ancestros no tienen mucho que darte o que tú eres mejor, la pendiente se invierte, y el agua tiene que ir cuesta arriba para llegar a ti y, como es fácil suponer, no te llega. Cuando te pones por encima de tus ancestros, creyendo que eres mejor que ellos, no sólo se corta el flujo de vida, sino que además "cargas" con los asuntos no resueltos del sistema. Por ejemplo, si el bisabuelo participó en la guerra y mató a varias personas sin reconocer a sus víctimas ni responsabilizarse por sus actos, el bisnieto que se pone en una actitud arrogante va a "cargar" con esto y posiblemente repita el patrón convirtiéndose en una víctima.

El primer paso para llegar a la paz es ser humilde y tomar a tus padres y ancestros. Es decir, reconocer que:

- La energía de vida te llega a través de tus ancestros.
- Lo que eres viene de ellos y necesitas recibirlo de ellos.
- No estarías aquí ni serías el que eres sin que ellos hubieran estado primero y sido lo que son o lo que fueron (esto te ayuda a estar de acuerdo con tu historia y con la historia del sistema).

Entonces puedes:

- Abrirte y tomar la energía de vida que llega de todos tus ancestros.
- Estar en paz con lo que es tu sistema familiar y, por consiguiente, con lo que eres tú.

Al estar en concordancia con tus padres, con tu lugar de origen, con tu destino y ocupar el lugar que te corresponde, tienes fuerza. Al reconocer y aceptar todo lo que eres, tienes armonía y estás en paz contigo mismo.

¿Cómo puedes estar en paz con los demás?

Cada persona es como es por los padres y ancestros que tiene. Cada una es diferente porque viene de padres, cultura, religión, raza y lengua distintos, sin embargo, en lo esencial todas son iguales porque para recibir la energía de vida tienen que consentir a sus padres y los grupos de donde vienen tal como son. En cada persona fluye la energía de la misma fuente, aunque el canal por el que llega sea muy distinto.

Tu reto es apreciar y respetar las diferencias de raza, lengua, cultura y religión y reconocer que todos tienen el mismo valor. Esto podría parecer fácil cuando piensas en alguna persona con costumbres e idioma muy distintos a los tuyos, pero con valores similares.

Cuando personas de diversos grupos (país, religión, idioma, etcétera) tienen un interés o valor similar, esto los une, las diferencias se disuelven y forman un grupo, por ejemplo, personas de diferentes partes del mundo uniendo sus esfuerzos para cuidar el planeta. Estas personas, a pesar de las diferencias que tienen por su origen, se enfocan en un interés común, se centran en su meta y suman sus recursos para obtener los mejores resultados.

¿Qué sucede cuando los valores y los intereses son tan distintos que en algunos aspectos se oponen? El reto es mucho mayor.

¿Cómo tratas a alguien que fue un perpetrador? Supón que no estás en una situación en la que puede dañarte y que únicamente se refiere a la actitud interna que tienes frente a esa persona. Reconoce al otro como a una persona de igual valor a ti y trátalo con respeto y con dignidad. Si te pones por encima de él, cargas lo que le corresponde (su culpa, enfermedad, obligación, responsabilidad, etcétera). Si te pones por debajo de él, sentirás miedo y estarás en peligro. Míralo con la fuerza que tiene para cargar su culpa. El mensaje es: "Tú eres poderoso, capaz, responsable y asumes al cien por ciento lo que hiciste. Yo soy capaz, poderoso y responsable y me protejo de ti si es necesario".

Y ¿cuál es la mejor manera de tratar a una víctima? Lo más importante es no tener miedo de su dolor. Tú no eres su perpetrador, así que no es tu culpa lo que sucedió. Tampoco tienes que arreglar su vida ni sentir lástima. Eso le hace daño porque le quita poder.

Lo que más ayuda a una víctima es conectarla con su confianza, no con el dolor. Si la miras como a una persona que está "rota", la debilitas. En cambio, si la miras como una persona fuerte que sobrevivió con éxito una experiencia difícil y que te genera respeto, ella cargará su historia con dignidad y podrá superarlo.

Así que la solución es reconocer tu valor y el valor del otro, apreciar las diferencias aceptando que cada quien es como es por su origen y estar en paz con lo que tú eres y con lo que es el otro. A cada persona la percibes como un individuo desvinculado de su grupo (país, religión, raza, etcétera) para liberar esa parte, y la vinculas con sus ancestros para entender sus orígenes. Lo mismo haces contigo.

Encuentras la paz al relacionarte así con los demás, creas un sentido de comunidad y honras lo que es cada persona. Los conflictos seguirán existiendo porque son parte de la vida y del proceso de crecer, sin embargo, los enfrentarás buscando aprender de las diferencias. Al reconocer a los demás y a ti mismo como seres dignos de respeto lograrás vincularte como humanidad en paz.

Te miras con respeto y miras al otro con respeto. Respeto por dentro. Serenidad por fuera. Tú estás en paz. Y los ciclos de violencia se han resuelto.

Aplica el Método Magui Block® para resolver tus ciclos de violencia y ponerte en paz

¿Listo para aplicar el método? Has sido valiente, este tema es intenso, así es con los ciclos de violencia, pero ya estás preparado para dejarlos atrás. Si haces lo que sigue, ayudarás con tu pequeña parte. ¡Hagamos magia!

Adopta la postura física correcta, evoca el amor y repite la frase en voz alta.

La postura física correcta:

- Cuerpo erguido, imaginando que tu cabeza toca el cielo y tus pies están firmes en la tierra.
- Centrado y relajado, con tu corazón y tu mente cristalinos.
- Tus manos, una sobre la otra, en el ombligo, imaginando que se conectan con el espacio que está cerca de tu columna vertebral por dentro de tu cuerpo. (Si eres mujer, pon la palma de la mano derecha en tu ombligo y la palma de la mano izquierda sobre el dorso de la mano derecha. Si eres hombre, pon la mano izquierda en tu ombligo y la palma de la mano derecha sobre el dorso de la mano izquierda.)

Evoca el amor:

- Recuerda tus ganas de sanar y sonríe.
- Siente aprecio por ti mismo.
- Agradece el momento.

El poder de la palabra:

- Expresa en voz alta la frase.
- Escucha cómo lo dices y repítelo hasta que lo puedas decir con facilidad.

Con la postura correcta, evocando el amor, repite en voz alta con firmeza:

Resuelvo mis ciclos de violencia.

Me pongo en paz.

Reconozco cuando soy una víctima.

Reconozco cuando soy un perpetrador.

Estoy en paz con lo que me ha tocado vivir.

Acepto mi historia.

Reescribo mi destino.

Dejo de ser una víctima.

Dejo de ser un perpetrador.

Identifico los ciclos de violencia
del pasado.

Modifico mi herencia familiar invisible.

Los perpetradores y las víctimas de mi sistema están en paz.

Las víctimas aceptan lo que vivieron y cargan su suerte y
su dolor con dignidad.

Los perpetradores reconocen el dolor que causaron.

Los perpetradores se responsabilizan de sus acciones y compensan por el sufrimiento a sus víctimas.

Las víctimas miran a los perpetradores y se ponen en paz.

Los perpetradores miran a sus víctimas y se ponen en paz.

Resuelvo mi parte.

Estoy en paz con quien soy.

Estoy en paz con mis orígenes.

Estoy en paz con mis padres.

Estoy en paz con mis ancestros.

Estoy en paz con mi lugar de origen.

Estoy en paz con mi destino.

Ocupo el lugar que me corresponde y estoy en paz.

Estoy en paz con los demás.

Estoy en paz con mis víctimas.

Estoy en paz con mis perpetradores.

Me relaciono con cada persona como un individuo, desvinculándolo de su grupo y vinculándolo con sus ancestros.

Soy solamente un individuo, reconozco todos los grupos a los que pertenezco, pero me desvinculo de ellos y me vinculo con mis ancestros, llenándome de vida.

Identifico los ciclos de violencia que se activan y los resuelvo.

Resuelvo mis ciclos de violencia.

Me pongo en paz.

Mi destino se ha reescrito.

Dejo de ser una víctima.

Dejo de ser un perpetrador.

Mi herencia familiar invisible se ha modificado.

Los perpetradores y las víctimas de mi sistema están en paz.

Las víctimas y los perpetradores están en paz.

Las víctimas y los perpetradores están en paz.

Las víctimas y los perpetradores están en paz.

Estoy en paz.

Estoy en paz conmigo mismo.

Estoy en paz con los demás.

Estoy en paz con mi familia.

Se han resuelto los ciclos de violencia.

Estoy en paz.

El precio de sanar

Para lograr lo que deseas necesitas estar dispuesto a pagar el precio que tiene. El precio de sanar depende del esfuerzo que implique conseguirlo. El camino para sanar es diferente en cada persona, según sus enredos familiares y su capacidad para cambiar.

El precio que pagas para sanar tu familia incluye romper las reglas de tu familia, asumir la culpa de ser diferente y aceptar tu destino y el de cada quien.

Esto te llevará a encontrar las soluciones más sabias que transformarán la manera en la que te relacionas contigo mismo, con tu familia y con todo lo que te rodea.

ROMPE LAS REGLAS DE LA FAMILIA

En México se dice que "los niños nacen con una torta bajo el brazo", como diciendo que cuando llega un nuevo hijo a la familia, viene bendecido con abundancia y va a traer el alimento que haga falta. Trabajando en esto por tantos años, puedo constatar que cada hijo nace con algo bajo el brazo: su reglamento familiar.

El reglamento familiar

Todos los miembros de una familia comparten la misma herencia familiar invisible y en ella está incluido el reglamento familiar. En este reglamento están todas las "reglas del juego", es decir, todas las creencias de la familia acerca de cómo es la vida y cómo se debe vivir, por ejemplo, qué deben hacer las mujeres, cómo deben de comportarse los hombres, qué se espera de cada quien. Tú sigues ese reglamento sin darte cuenta. Sería mucho más sencillo si te entregaran por escrito lo que se espera de ti, así tú podrías estudiarlo y elegir qué te gusta y qué prefieres hacer a tu manera. Si te indicaran cuál es la consecuencia por no seguir las reglas, podrías calcular el costo-beneficio de romperlas.

Sin embargo, el reglamento familiar es inconsciente, naces con él, es parte de ti mismo, pero no lo conoces. Si la vida es un viaje, tu reglamento familiar es un pesado libro que traes escondido en tu maleta, cargándolo de un lado al otro, haciéndote tomar caminos diferentes a los que elegirías con tu corazón.

Cada grupo al que perteneces también tiene sus reglamentos. Por ejemplo, tienes un reglamento por el lado de tu madre y otro reglamento por el lado de tu padre, tienes un reglamento por tu género y otro por la religión que profesas. Cada sistema tiene su reglamento compuesto de varios mini reglamentos y sus reglas a veces se oponen.

Te comparto mi caso, por el lado de mi padre, el reglamento familiar me dice:

- Aprovecha al máximo.
- Lucha para obtener lo que quieres y haz lo que se necesite, gritar, pelear, jamás te des por vencida.

- Sobresale, sé única, original.
- Rompe las reglas y haz las cosas a tu manera. Si puedes ir en sentido opuesto a la mayoría, hazlo.
- No descanses, hay mucho que hacer.
- Tú puedes lograrlo todo si te esfuerzas.
- Eres ilimitada.

Por el lado de mi madre, el reglamento familiar me dice:

- No llames la atención ni molestes a los demás con tus necesidades.
- Sé normal, forma parte del grupo.
- Sigue las reglas, pórtate bien, haz lo que se espera de ti.
- Sé mesurada y moderada.
- Cumple y tu esfuerzo será reconocido.
- Evita ser demasiado ambiciosa.
- Acepta que hay cosas que son demasiado difíciles para ti y que no puedes hacerlas. Reconoce tus límites.

¿Te imaginas cómo es compaginar estos dos reglamentos y decidir cómo llevar mi vida? Si además le sumas mis otros reglamentos, por ejemplo, el que tengo como mujer mexicana de mi generación y el que comparto con las mujeres profesionales exitosas, ¡lo que sucede en mi interior es muy complejo! Un reglamento me dice: "Da lo mejor de ti misma y triunfa. Puedes lograr lo que te propongas", y el otro reglamento me dice: "No se te ocurra tener más éxito que el de tu pareja, ningún hombre aguanta eso y te quedarás sola. Mejor sacrifica tu profesión a tu familia. No puedes tener ambos".

¿A ti también te pasa esto? Entonces, avanzas por la vida en zigzag y sin entender por qué das un pasito para delante y varios para atrás. Cuando unas reglas te impulsan en una dirección y otras en la dirección opuesta, terminas confundido y frustrado contigo mismo. Pero, dadas las circunstancias, esto es normal, ¿verdad? Por eso, parte del precio que pagas para sanar es romper tu reglamento familiar, que incluye todos los minirreglamentos que lo conforman. Y lo que te ata a tus reglamentos son las lealtades familiares.

Lealtades familiares

Una lealtad familiar es como un lazo que te une a uno o a varios miembros de tu familia y te obliga a hacer lo que crees que los hace felices. Esos lazos los necesitas porque sin ellos te sentirías perdido. Todos los seres humanos necesitan sentir que son parte de algo, de una familia, de un grupo, de un sistema. Ser parte de algo mayor que tú te da la sensación de pertenencia y te hace sentir protegido y a salvo.

Para Bert Hellinger, con tal de pertenecer, una persona está dispuesta a todo, hasta a morir o enfermar. Él dice que la necesidad de pertenencia es la más importante de todas las necesidades y que el ser humano sacrifica cualquier otra en nombre de ésta. Por eso, seguir las reglas del sistema se convierte en algo inevitable.

Tienes que seguir las reglas del grupo si quieres pertenecer. Si las rompes, dejas de pertenecer y los lazos se cortan. No puedes arriesgarte a quedarte sin un grupo.

Imagina que cada persona es como un globo de gas. El globo necesita su lazo bien amarrado a algo grande y pesado para estar en la tierra. ¡Dejar de pertenecer a tu grupo es como ser un globo perdido en el cielo! Sin dirección y sin estructura.

Las lealtades familiares por un lado te atan y por el otro te dan contención. Las necesitas para no perderte. Por eso, cortar los lazos a los grupos a los que perteneces no es una opción saludable. Querer hacer esto te deja peor que antes. Si crees que tu grupo es tóxico para ti y por eso quieres cortar los lazos, crearás tubos encubiertos y recibirás lo peor que hay. Tener lazos con los grupos a los que perteneces es parte de tu experiencia humana.

Si los aceptas, recibirás la contención que necesitas y podrás hacer lo que quieres. La solución es alargar los lazos, es decir, estirar las cuerdas o hacerlas más largas. De esta forma amplías tu margen de movimiento, sin sentirte perdido.

Imagina un hermoso bebé que empieza a caminar. Está aprendiendo a salir al mundo. Su casa está rodeada por un enorme terreno. Sus padres quieren lo mejor para él y por eso le ponen un lazo, para que pueda explorar, pero sólo hasta cierta distancia. Dentro de esa distancia está lo que él puede manejar, según lo que consideran sus padres. El bebé a veces pelea con el lazo y quiere quitárselo, se siente atrapado y cree que no puede explorar a su ritmo. A veces quiere ir mucho más lejos, pero el lazo se lo impide; como consecuencia llora, se emberrincha, se enreda con el lazo. En lugar de alargar la cuerda, ésta se acorta por tantos nudos. Cuando el bebé crece, aprende a hablar el lenguaje de sus padres y deja de emberrincharse, entonces pueden pasar varias cosas, como perder el interés de investigar lo que hay más allá. ¿Para qué alejarse de lo conocido, si tiene todo lo que necesita ahí mismo? Puede ser que su curiosidad siga presente y le dé el motor para explorar, así que tratará de alejarse del espacio limitado en el que se mueve su familia. Tiene dos maneras de conseguirlo, una es peleándose con los lazos, tratando de estirarlos y batallando mucho. Los lazos son como resortes, los estiras y parece que avanzas, aunque con dificultad, pero llega un momento en que la presión es tanta que te regresan al punto de partida.

La otra manera es obtener el permiso para hacer lo que deseas. Cuando tienes el permiso, el lazo se alarga. Aunque a veces no lo creas, tu familia quiere lo mejor para ti. Y esto es difícil de creer cuando los padres han estado ausentes, o son de esos padres que se meten sin respeto en la vida de los hijos adultos. Sobre todo, es imposible de creer cuando ha habido maltrato y abuso. Te voy a explicar lo que sucede: los padres hacen lo que saben con sus hijos y así se repiten las mismas conductas negativas de una generación a la otra. Y esto sucede así porque lo hacen por amor ciego, inconscientemente, creyendo que es lo mejor para la familia. Así, la manera en la que se portan contigo es su forma de amar al sistema familiar. Los padres no saben lo que es mejor para un hijo, pero muchas veces lo creen así.

Lo importante es que tú aprendas a obtener el permiso para hacer lo que tú quieres, independientemente de la manera en la que ellos hayan sido contigo.

Para recibir un permiso, primero tienes que identificar al miembro de la familia que tiene que dártelo. Cada lazo es sostenido por uno o varios miembros de tu familia. Ésa es la persona a la cual le pides el permiso. Cuando pides con humildad al ancestro correcto, obtienes el permiso y el lazo se alarga.

¿Cómo sabes cuál es el ancestro correcto? Eso es muy fácil, sólo te preguntas: ¿a quién le gusta que yo me porte así? ¿Quién tiene esta regla? E inmediatamente te darás cuenta. Imaginas a ese ancestro y le dices: "Por favor, ahora quiero hacerlo diferente. Necesito hacerlo a mi manera". Cuando tu ancestro te mira pidiéndole permiso con amor y humildad, sonríe y te deja, principalmente porque sabe que es por tu bien. Los ancestros quieren lo mejor para ti porque te aman. ¡Así es!

De esta manera, has dejado de ser un bebé emberrinchado o un niño pequeño que no se quiere alejar de casa y te conviertes en un adulto joven, valiente y poderoso, con ganas de explorar lo que hay más allá de lo que conoce. Crea una imagen en la que compartes tus sueños con los miembros de tu familia que se entusiasman con tus ganas de crecer y ser mejor. Recibes sus bendiciones y vas a tu vida, totalmente apoyado por tu familia. Ahora los lazos de lealtad te impulsan con amor sabio hacia lo que deseas. ¡Tus ancestros te dan libertad y te protegen!

Crea tu propio reglamento

Para crear tu propio reglamento, tienes que estar dispuesto a romper las reglas que existen en otros reglamentos. El primer paso es atreverte a cuestionar las reglas que hay para saber cuáles quieres conservar y cuáles no. Se parece a limpiar tu clóset y sacar la ropa que ya no te gusta. ¿Cómo lo haces? Te pruebas cada prenda y decides cuál se queda y cuál se va, con base en lo que quieres usar ahora, siendo la persona que eres en el presente.

Cuando rompes una regla, sientes que tu pertenencia está en peligro y esto es real. Puedes perder tu pertenencia al grupo dependiendo de las reglas que rompas y tienes que estar dispuesto a hacerlo como precio por sanar. Jamás dejarás de pertenecer a tu familia, aunque te mueras. Sin embargo, pueden excluirte, es decir, negarte la igualdad, el honor, hacer como que no existes. Eso es muy doloroso para cualquier persona.

Sólo puedes atreverte a correr el riesgo cuando recibes apoyo de otros grupos. Es decir, si vas a romper una regla de tu familia, necesitas ser parte de otros sistemas que te den amor y te sostengan. Si tu familia es tu única fuente de apoyo, no puedes romper sus reglas porque te quedas muy vulnerable. Entonces, para atreverte a romper las reglas de tu familia no sólo tienes que estar dispuesto, sino que también tienes que tener el apoyo de otros grupos. Después tienes que hacer una limpieza de reglas y conservar únicamente las que te quedan bien y van con lo que quieres lograr. De cada grupo al que perteneces tomarás las reglas que te sirven. Es como ir de compras a distintos centros comerciales. Cada centro comercial es un sistema y tú eliges las reglas que te gustan de cada uno. Así crearás tu propio reglamento, solamente que estás siendo supervisado en todo este proceso por tus ancestros. Ellos te heredaron esas reglas y algunos se alteran cuando las quieres tirar y adquirir otras diferentes. ¡Imagínate! Es como ir de compras acompañado por una tía abuela remilgosa que tiene sus ideas bien fijas de lo que debes usar. ¡Se pone histérica cuando te pruebas algo que no le gusta! Por suerte, hay muchos ancestros en tu familia y puedes escoger a quien tú quieras para ir de compras contigo.

¡Cada ancestro lo ve diferente! Por suerte, la gran mayoría de tus ancestros se alegran cuando les explicas por qué quieres hacer tu propio reglamento y les pides sus bendiciones. Te acompañarán en tu proceso de elección amorosamente y con gran paciencia porque te adoran. No lo sabías, pero ¡eres el consentido de la familia!

Sin embargo, en todo hay excepciones, y cuando enfrentas a algún ancestro autoritario que quiere que conserves su regla tal cual es, tendrás que disculparte por hacerlo a tu manera. Es como cuando un hijo mayor de edad se enamora y elige casarse con alguien que sus padres no aprueban. Les explica lo que desea y les pide sus bendiciones, les habla de las bondades de la pareja que elige, pero está dispuesto a casarse independientemente de la opinión de sus padres. ¡Así lo harás y crearás un reglamento a tu medida!

Resumiendo, los pasos para crear tu propio reglamento son:

- Rompes las reglas de tu familia al estar cien por ciento decidido y contar con el apoyo de otros grupos.
- Creas tus reglas reconociendo lo que quieres.
- Pides permiso de tus ancestros.
- En los pocos casos que no te lo dan, dices "lo siento" y sigues adelante.
- Agradeces a los ancestros que te bendicen y avanzas.

Para aplicar estos pasos en tu vida necesitas escoger a los ancestros que te acompañarán en el proceso de crear tu reglamento personal. Recuerda que es como ir de compras y la experiencia es totalmente diferente dependiendo del ancestro que elijas para ir contigo. ¿Escogerás a un ancestro quejumbroso al que nada de lo que haces le parece, a uno muy criticón que te llena de sus juicios, uno enfermo y agotado al que tienes que ir cuidando para que no le dé un infarto, uno que rechaza lo nuevo y espera que hagas las cosas a la "antigüita", uno miedoso y que entra en ataque de pánico cada vez que haces algo inesperado, uno gruñón y enojado con todo y con todos o a uno autoritario y mandón que quiere que lo hagas a su manera o no hay manera?

¿O escogerás a un ancestro que te acompaña alegre y de buen humor, amoroso, con consejos inteligentes, cuya presencia te da tranquilidad y paz, es poderoso, sabio, audaz, valiente, honesto y humilde porque sabe que no lo conoce todo, simpático, además es amable, consentidor y generoso, capaz de luchar por ti y por lo que te importa?

Con el poder de tu mente y de tu intención, puedes hacerte acompañar de los ancestros que tienen las mejores características para ti. Si los que conoces no las tienen, ve al "inventario" de ancestros, sube y sube de generación, usando tu imaginación, hasta encontrar los que están hasta arriba, más cerca de la fuente de vida, allá donde están los mejores, los más sabios. Entre esos ancestros, elige los que te acompañarán en este proceso de sanación. Cada ancestro que te acompaña tiene algo especial para ti, algo que te hace falta, y te lo entrega con amor. Y tú lo imaginas tan claro como lo necesitas.

Ellos te ayudan y apoyan en todo el proceso para crear tu propio reglamento, el mejor para ti, con las reglas que te llevan a lograr tus metas. Con la ayuda de esos ancestros, desenredas cualquier nudo y alargas los lazos para tener la libertad que necesitas, que te da protección y espacio de crecer. Tus ancestros te acompañarán a partir de ahora. Son ancestros felices, amorosos y sabios, son los ancestros correctos para ti. ¡Felicidades! Lo estás haciendo tan bien que toda tu familia baila de gozo.

Casos de la vida real

- Nora tiene 32 años y está a cargo de una dirección en la empresa donde trabaja. Lleva 7 años con su novio, pero no sabe si quiere casarse o seguir creciendo profesionalmente. ¿Qué le conviene hacer?
- Héctor es un hombre divorciado de 50 años. Tiene dos hijos, un niño de 13 y una niña de 16. Encontró su "segundo aire" y en los últimos tres años ha tenido tres novias, cada una más joven que la anterior. Se siente vivo y orgulloso de tener mujeres tan bellas a su lado. Le pesa tener a sus

hijos los fines de semana, pues él desearía liberarse de esa responsabilidad.

- Beatriz se dedicó a sus hijos después de casarse, pero ya crecieron y se fueron de casa a hacer sus vidas. Se siente vacía y ya no tiene nada en común con su esposo. No sabe cómo continuar adelante.

- Pedro está estudiando una carrera que le aburre, pero tampoco sabe qué le gustaría. Cada semestre está más deprimido y confundido. Si la deja, su familia se sentirá muy decepcionada de él. Para lidiar con la presión se emborracha cada vez que puede.

Todos ellos hacen su vida conforme a sus reglamentos familiares, pero no hacen lo que realmente quieren y son infelices. Las lealtades familiares te dirigen como un títere, crees que estás tomando tus decisiones, pero no es así. Haces lo que crees que es correcto y cuando te sientes mal, no lo comprendes.

Recuerda los pasos para sanarte:

1. Romper las reglas del reglamento familiar.
2. Crear tus propias reglas.
3. Tener el apoyo y las bendiciones de tus ancestros.
4. Si hay alguien al que no le parece lo que haces, dices "lo siento" y sigues adelante.
5. Agradeces y avanzas.

Vas a ver cómo se aplica en cada caso.

Nora reconoce las reglas de su reglamento familiar y se da cuenta que para hacer lo que ella quiere tiene que romper varias reglas:

- "Una esposa hace lo que su esposo quiere".
- "Una madre se entrega por completo a sus hijos".
- "Para ser buena madre tienes que sacrificarlo todo por tu familia".
- "Una mujer es libre hasta que se casa".
- "Las mujeres deben ser sumisas y obedientes".

Al hacer la lista de lo que cree en relación con lo que sería su vida de casada, se da cuenta de que tiene muchas más razones para no casarse que ventajas para hacerlo. Sólo que estas razones no son reales, tienen que ver con lo que cree que será su vida en pareja y teniendo hijos. Esto lo aprendió de la manera en la que funcionan las familias en su sistema. Para crear un futuro diferente, necesita hacer una limpieza de creencias. Tira las que no le sirven e integra éstas en su reglamento:

- "Una esposa es feliz y hace lo que le gusta apoyada por su esposo".
- "Una madre recibe grandes alegrías y satisfacción al tener hijos".
- "Para ser buena madre tienes que hacer lo que te gusta también a ti".
- "Una mujer es libre, casada o soltera".
- "Las mujeres poderosas atraen hombres poderosos y se relacionan como iguales".

Nora tiene dos listas, la del reglamento viejo con las reglas que no le sirven y las del reglamento personal, que son las que desea a partir de ahora. Convoca a sus ancestros, imaginándolos tal como los necesita, amorosos, sabios, poderosos. Hay mujeres y hay hombres. Si algún ancestro no está de acuerdo con sus nuevas reglas, lo pone junto algunos ancestros de jerarquía superior, que hacen que rectifique su postura. El objetivo es que sea lo mejor para ella. Todos los ancestros están felices por los cambios que está haciendo. Nora hace una ceremonia sagrada, quema su reglamento viejo, quedando solamente cenizas. Ahora el nuevo reglamento está vigente. Los ancestros están gozosos. Nora agradece y celebran.

Héctor, Beatriz y Pedro hacen lo mismo que Nora con sus reglamentos. ¿Cómo identifican las reglas que necesitan tirar? Observando lo que les sucede que desean cambiar. Reconoces las reglas que tienes que tirar porque son las que dirigen tu vida en dirección contraria a lo que deseas. Pregúntate: ¿Qué pienso que me lleva a hacer lo que no me gusta?

Algunas de las reglas que Héctor necesita tirar son:

- "La familia es un peso".
- "Los hijos son una gran responsabilidad y me rebasan".
- "Cuando no tienes familia puedes hacer lo que deseas".
- "La familia no te deja ser feliz".
- "Casarte y tener hijos es como estar en la cárcel".
- "Un hombre muestra su valor con la mujer que lo acompaña".
- "Mientras más joven es una mujer, mejor".
- "Un hombre vale por su dinero y una mujer por su belleza".
- "Los niños son una lata".

Y las que elige para su nuevo reglamento son:

- "La familia me nutre".
- "Los hijos son una alegría y me divierto al compartir con ellos".

- "Cuando tienes familia propia maduras y aprendes a ser generoso".
- "La familia aporta felicidad a tu vida".
- "Casarte y tener hijos es una bendición".
- "Un hombre es valioso y elige una mujer valiosa para ser su compañera".
- "Mientras más sabia es una mujer, mejor".
- "Un hombre vale independientemente de su dinero y una mujer es mucho más que su belleza".
- "Los niños son una fuente de gozo y me rejuvenecen".

Las reglas del reglamento familiar de Beatriz son:

- "Los hijos son la razón de vivir de cualquier mujer".
- "El matrimonio muere con los años".

Y las que integra en su reglamento personal para ser feliz son:

- "Una mujer tiene muchas razones para vivir además de sus hijos".
- "El matrimonio se renueva con los años".
- "Cada día encuentro más cosas para disfrutar de la vida".
- "Me encanta iniciar nuevas etapas y dejo ir lo anterior fácilmente".

Pedro reconoce que no hace lo que le gusta por estas reglas de su reglamento familiar:

- "Tengo que ser el hijo que desean mis padres".
- "Un buen futuro sólo se logra estudiando (la carrera que escogió)".

- "Los hombres no hablan de lo que sienten".
- "Tengo que ser fuerte y aguantarme".
- "El arte no es una profesión".
- "Los artistas se mueren de hambre".
- "Las profesiones tradicionales son las que cuentan, las demás no existen".
- "Mientras cumpla con mis obligaciones, el cómo me sienta no importa".
- "Niega lo que sientes, aunque sea con alcohol".

Entonces, Pedro crea un nuevo reglamento con las siguientes reglas:

- "Los padres que aman a sus hijos los prefieren felices".
- "Un buen futuro se logra si estudio lo que me gusta".
- "Es preferible hacer lo que me gusta que hacer lo que les gusta a mis padres".
- "Los hombres también sienten y necesitan expresarlo".
- "Soy fuerte y soy todavía más fuerte si dejo de aguantarme".
- "El arte es una profesión".
- "Hay artistas exitosos y abundantes".
- "Hay muchas profesiones y yo elijo la que más me gusta".
- "Cumplo mejor con mis obligaciones al sentirme bien".
- "Expresa lo que sientes sin necesidad de tomar alcohol".

Héctor, Beatriz y Pedro hacen su ceremonia, su viejo reglamento se convierte en cenizas y su vida empieza a funcionar con sus nuevas reglas. ¡Sus ancestros festejan gozosos! ¿Estás listo para hacer una fiesta con los tuyos?

Crea tus propias reglas

Ahora te toca a ti. Reconoce lo que quieres cambiar. Escoge algo concreto, un área de tu vida que no funciona al cien, eso que tú sabes que podría estar mejor de lo que está. ¿Ya?

Toma una hoja y una pluma, y pregúntate: ¿Qué pienso que me lleva a estar así? Salte de ti mismo y observa los hechos como si fueras otra persona. Describe las reglas que te hacen llevar tu vida de esa manera, ¡y haz tu lista!

¿Terminaste? ¿Pusiste todas? Estupendo. Ya tienes las reglas que necesitas tirar. ¡Qué bien lo has hecho! Te felicito.

Lo que sigue es crear tu reglamento personal, el que tiene las reglas que necesitas para vivir la vida como la quieres. Pregúntate: ¿qué necesito pensar para hacer lo que deseo? ¿Qué necesito creer para lograr lo que quiero? Al contestar estas preguntas harás tu lista de reglas nuevas. Éste será tu reglamento personal, el que guiará tu vida de ahora en adelante.

Tienes dos listas, una con las reglas viejas que vas a tirar o quemar y otra que vas a conservar y va a ser parte de tu nuevo reglamento. Viene lo más divertido: ¡la pachanga!

Convoca a tus ancestros e invítalos a la ceremonia. Recuerda que todo esto lo logras con el poder de tu mente, usando tu imaginación. Tus ancestros son tal como necesitas que sean: alegres, amorosos, sabios, poderosos, tranquilos. Hay mujeres y hay hombres. Si hay algún ancestro enojado, triste o con miedo porque no está de acuerdo con lo que vas a hacer, lo rodeas de ancestros de jerarquía superior, que hacen que rectifique su postura y se calme. Ahora todos los ancestros están felices por los cambios que estás haciendo. Todos quieren lo mejor para ti. Empieza la ceremonia sagrada. Quema tus reglas viejas, las reglas que han dirigido tu vida en sentido contrario al que deseas. Míralas hacerse cenizas. Observa el fuego mientras se queman. Agradécele al fuego que las desaparezca de tu vida. Si no quieres quemarlas puedes partir la hoja en pedazos pequeños y ponerlas en el escusado y jalarle. Despídete de ellas. Agradécele al agua que se las lleva.

En este momento, el nuevo reglamento está vigente. Los ancestros están gozosos. Agradece y celebra. ¡Puedes poner música y bailar!

ASUME LA CULPA DE SER DIFERENTE

Uno de los precios de sanar fue romper tu reglamento familiar. Felicidades. ¡Ya lo hiciste! El siguiente precio de sanar es la culpa. ¿Cómo es esto? Cuando sigues las reglas de tu grupo te sientes bueno e inocente, y cuando las rompes te sientes malo y culpable. Para crecer necesitas perder tu inocencia. Y tú, ¿qué prefieres? ¿Ser inocente y quedarte pequeño o sentir algo de culpa y crecer?

¿Prefieres conservar la inocencia?

Matías nace en una familia de delincuentes. El negocio del padre es vender cosas robadas y todos los demás se encargan de conseguir la mercancía. Desde pequeño, lo entrenan en el arte de sacar carteras de las bolsas y distraer a las personas para que los mayores los asalten. Cuando las cosas salen "bien", es decir, logran robar una buena cantidad gracias a su trabajo, él se siente bueno e inocente. Su familia está orgullosa de él. ¡Va a ser un gran ladrón! Matías crece y se enamora de Blanca, quien viene de una familia trabajadora y honesta. En la familia de ella, robar es algo malo.

Matías quiere casarse con Blanca y formar su propia familia. Para eso, necesita ser aceptado por la familia de Blanca y ya no puede seguir robando. Empieza a trabajar en una fábrica y a estudiar por las noches. Blanca está muy orgullosa de él, pero su familia de origen se siente defraudada. Ellos piensan que está desperdiciando su potencial y que podría ganar mucho más delinquiendo. Matías tiene que escoger entre decepcionar a su familia de origen y sentirse culpable o conservar su inocencia.

Las personas que prefieren conservar su inocencia creen que no pueden cambiar. Por ejemplo, Manuel piensa que es flojo y no tiene disciplina. Cada reto le cuesta un montón de trabajo y difícilmente logra lo que se propone. Él quisiera tener fuerza de voluntad para hacer lo que necesita, desde levantarse temprano, comer saludablemente, ejercitarse, hasta dejar de ver la televisión por las noches. Pero su cansancio es más fuerte que él y lo vence. ¿Cuántas veces te ha pasado algo similar?

Conservar la inocencia te da una sensación de tranquilidad, porque eres leal a tu familia. Al principio, eres así por amor ciego a tu familia de origen, luego te rodeas de personas que refuerzan las mismas creencias, por ejemplo, los amigos de Manuel hacen exactamente lo mismo.

Cuando las personas que te rodean piensan que eres de una manera determinada, te es más difícil cambiar porque tienes que ir contra de las creencias del grupo al que perteneces, además de las de tu familia. Generalmente, el mensaje que te manda tu grupo es: "Si le pones muchas ganas, podrás hacer unas pequeñas modificaciones en tu manera de ser o de comportarte. Pero esto sólo ocurre en un proceso largo y difícil, con muchos tropiezos, así es la vida, ¿no?". ¡No! Así no es la vida, ni tiene que ser tu manera de cambiar. Éstas son creencias limitantes que te impiden crecer y avanzar. Tienes que romper estas creencias al precio de sentirte culpable. ¿De verdad prefieres conservar tu inocencia y estancarte?

La tranquilidad que te da el ser inocente es una gran tentación, pero te lleva a creer que no puedes cambiar, que eres lo que te enseñó tu familia y lo que todos piensan de ti. Por eso, aunque no lo creas, la mayoría de las personas lo prefiere así. El precio de crecer es demasiado alto y muchos no lo quieren pagar.

Pero yo creo que tú estás listo a dar un gran salto en tu crecimiento, quieres cambiar y estás dispuesto a perder tu inocencia, ¿verdad? ¡Avanza ya!

La culpa sistémica

Un sistema es un grupo de personas unido por ciertas creencias y reglas. Un grupo puede ser una familia, los miembros de un club, las personas que viven en un país, los miembros de una religión, una organización social, las personas que trabajan en una empresa, etcétera.

Cada sistema tiene una *herencia invisible* que es la que une a todos sus miembros. En esta herencia está almacenada toda la historia del grupo, lo que ha sucedido con cada uno de sus miembros y lo que es "bueno" o "malo" para el sistema. La herencia invisible marca los límites que separan a tu sistema de otros sistemas señalando claramente lo que es correcto para el grupo y lo que no. Cuando un grupo ha corrido el riesgo de desaparecer, tiene límites más cerrados. Mientras más cerrados son los límites de un grupo, más estrictas son sus reglas y casi para cada cosa que quieres lograr, tienes que romperlas. La herencia invisible te separa de todo lo que es diferente a tu sistema, llevándote por el "buen camino", haciendo lo que es "correcto" para el grupo. ¿Cómo lo logra? A través de la sensación de culpa sistémica.

Por ejemplo, Marcela viene de una familia tradicional. Su padre mantuvo la casa y su madre los cuidaba. La regla para su familia de origen es dejar de trabajar para educar a los hijos. Se considera de vital importancia estar presente en los primeros años de vida del hijo. Podría trabajar mientras los hijos asisten a la escuela, pero sus actividades profesionales tendrían que ir en segundo lugar, después de atender a su esposo y a sus hijos. Sin embargo, su pareja y ella son de otra generación, en la que ambos trabajan y comparten la responsabilidad de los hijos y de mantener a la familia. Los hijos de sus amigos van a la guardería desde pequeños y se considera muy importante que la mujer tenga metas y aspiraciones profesionales. Para su generación, ser ama de casa no es suficiente. Marcela está en un dilema y no sabe qué hacer. Su confusión es tan grande que pospone el casarse y tener hijos. La culpa la aterra. Si trabaja, les falla a sus hijos y a sus padres, si no trabaja también le falla a sus hijos y a sus amigos. Haga lo que haga cree que les fallará, así que ¡mejor no tiene hijos!

Y esto les está pasando a un montón de adultos jóvenes, detenidos en medio de una batalla interna de reglas sistémicas que chocan entre sí. Porque cuando descubres algo en ti mismo que no está de acuerdo con tu sistema, lo rechazas, aun si es valioso para ti. Marcela no puede decidir lo que la hará feliz porque siente tanta culpa que se desconecta de lo que ella quiere. Cuando el ruido de las voces de los sistemas a los que perteneces es tan fuerte, no oyes tu propia voz. Únicamente si logras que se callen, podrás escuchar tus anhelos más profundos.

La culpa es una plaga que cuando te invade no te deja avanzar. Tus decisiones quedan paralizadas por la confusa mezcla de emociones y pensamientos. Ya hasta le pusieron un nombre a este fenómeno, "análisis parálisis", que es cuando te paralizas analizando tus opciones porque tienes mucho miedo de equivocarte.

La culpa te inunda cuando crees que te has equivocado, es tan desagradable que puedes entrar en pánico y dejar de hacer las cosas con tal de evitar volver a fallar. Lo bueno es que para todo hay solución, ¡hasta para la culpa!

¿Cómo dejas de sentirte culpable?

No todas las culpas son iguales. Hay tres tipos: culpa real, culpa neurótica y culpa sistémica. Cada tipo de culpa tiene su remedio. ¡Encuentra cuál padeces y podrás curarte!

Culpa real

La culpa real es cuando le causas un daño a alguien y te sientes responsable por lo que hiciste. Esta culpa es saludable y puede ayudarte a compensar a la persona que lastimaste haciendo algo positivo. Si esta culpa no existiera, las personas irían por el mundo lastimándose sin aprender sus lecciones. Cuando has herido a alguien y eres una persona consciente, te sientes mal y lo reparas. También te disculpas y la persona afectada recibe tu lamento. Sólo si reconoces tu error lo dejarás de repetir y al compensar, tu culpa se acabará.

Culpa neurótica

La culpa neurótica es una sensación de ansiedad y malestar que cubre una emoción real, por ejemplo, un enojo reprimido, un miedo negado, una tristeza guardada por años. La culpa neurótica no te lleva a nada, ni creces ni te responsabilizas. Lo único que puedes hacer es ir más profundo, atravesarla y llegar a la emoción real. Las emociones reales no son ningún problema, cuando las sientes y las aceptas duran unos cuantos minutos, expresan su necesidad y se diluyen. ¡Es como si se evaporaran! El problema que tienes con las emociones es que las tapas y no las expresas, impidiendo que sigan su curso natural y desaparezcan. ¿Por qué tapas una emoción real con culpa neurótica? Porque la emoción real que sientes está prohibida en tu familia. Si te dejas sentirla y la aceptas, serías "malo" y te entraría culpa sistémica. Y como verás más adelante, ¡la culpa sistémica es la peor de todas!

Culpa sistémica

¿Cuál emoción es la que está prohibida en tu familia? En la mía es el miedo. Posiblemente porque el miedo paraliza y con tanto peligro que vivieron mis ancestros, lo peor que podías hacer es paralizarte. Como ves, esa emoción se prohibió por una buena razón, pero ya no es vigente. Hay que actualizar la información para que sea útil. ¿Cuál crees que es tu emoción prohibida?

Como la culpa sistémica es tan desagradable, muchos buscan tapar su emoción real con alguna emoción que sí está permitida en la familia, una emoción que sea "buena" para el sistema. En mi familia, la alegría es considerada la mejor emoción. Entonces, cuando tengo miedo, mi sonrisa se hace más grandota y el miedo crece y crece tratando de alertarme de algo, pero no lo escucho.

¿Cuál crees que es la emoción preferida en tu familia? Muy probablemente ésa es la que usas para tapar tu emoción prohibida.

Las emociones reales son importantes porque te dicen lo que necesitas. El miedo sirve para protegerte, el enojo para defenderte y la tristeza para superar las pérdidas y corregir tu rumbo de vida. Si no las escuchas, vas por la vida sin brújula y acabarás perdido.

Pero para poderlas sentir, necesitas atreverte a hacer las cosas diferente de lo que se acostumbra en tu sistema familiar.

La culpa sistémica es la que sientes al romper las reglas de tu sistema, ya sea de tu familia o de cualquiera de los grupos a los que perteneces. Entonces, corres el peligro de ser excluido y de dejar de pertenecer al grupo. Como ya sabes, la necesidad de pertenecer es la más importante y te aterra dejar de ser parte de tu grupo. ¡Sería como ser un globo flotando en el aire sin dirección!

No obstante, la culpa sistémica es el precio que se paga al crecer. Si la asumes se va diluyendo con el tiempo. Lo que sucede en tu proceso de crecer es lo siguiente: tienes un límite que es lo que conoces, hasta donde tu lazo de lealtad te deja ir. Cada vez que estiras tu lazo sientes miedo de perder lo conocido y culpa de hacerlo diferente; si toleras esta sensación, te acostumbrarás y dejarás de padecerla. Después estarás listo para volver a estirar tu lazo un poco más, sintiendo culpa y miedo y, si lo toleras, volverá a diluirse. Esta culpa y miedo de perder lo conocido y alejarte del grupo es la culpa sistémica.

Tu lazo de lealtad es como la cuerda que sostiene un globo. El globo puede volar libremente, pero si lo sueltas no tiene dirección. Sin su lazo, el globo se pierde en el cielo, entonces alargas un poco el lazo, para que el globo llegue más lejos, sin perderse. Cada globo tiene un lazo de diferente longitud y, dependiendo del largo que tenga, puede volar a diferente altura. De manera similar, una persona puede alargar sus lazos de lealtad y volar muy alto, tan alto como desee, sintiéndose libre y feliz y, al mismo tiempo, conectada y sostenida a los grupos a los que pertenece.

Con las bendiciones de tus ancestros, alargas los lazos de lealtad que te vinculan con tu familia y los grupos a los que perteneces. De esta manera, sigues siendo parte del grupo y creces.

El precio que pagas por crecer es la sensación de miedo que te da el alejarte de lo conocido y la culpa por ser diferente.

Además, en todo sistema hay personas que prefieren conservar su inocencia y que no toleran sentir la culpa sistémica, aunque se queden pequeños, sin cambiar. Esas personas te intentarán convencer llenándote de miedos y de culpa. Tú decides si te dejas envolver. Cada quien elige de acuerdo al precio que está dispuesto a pagar. Cada quien escribe su destino. Y tú, ¿qué eliges para el tuyo?

ACEPTA TU DESTINO Y EL DE CADA QUIEN

Parte de tu destino está escrito porque naces en un país, en una familia y con situaciones de vida que te marcan de cierta manera, pero tienes un poder que hace que cualquier circunstancia pueda convertirse en un punto en tu contra o en un punto a tu favor. ¿Cuál es el poder que hace que tu vida cambie tan radicalmente? El poder del libre albedrío.

Cuando se aprende a usar correctamente este poder modificas tus circunstancias de vida y reescribes tu destino. Ya lo has hecho sin darte cuenta, sólo necesitas seguir haciendo lo que aprendiste. En este libro has utilizado tu poder para sanar tu familia con las cinco claves, has incluido a todos los miembros de tu familia, has puesto el orden para que cada quien ocupe su lugar y su función, has tomado energía de vida de tus ancestros, equilibrado lo que das y lo que tomas en tus relaciones y has resuelto los ciclos de violencia. Todo esto lo has conseguido con el poder de tu libre albedrío. ¡Bravísimo!

También has aprendido a pagar el precio de sanar rompiendo las reglas familiares y asumiendo la culpa de ser diferente.

El siguiente precio a pagar para sanar es aceptar tu destino y el de cada quien. Es paradójico, pero sólo si lo aceptas podrás transformarlo.

Posiblemente has escuchado que el primer paso para resolver un problema es aceptar que existe, pues con esto del destino es igual: acepta lo que está escrito en tu destino y podrás reescribirlo. Primero tienes que aceptar tu vida tal como es, reconocer cómo vives, qué te pasa, lo que te gusta y lo que no te gusta tanto. Sin pelearte podrás hacer los cambios cuando te toque elegir.

¿Qué quiero decir? Que hay cosas en tu destino que no eliges y hay cosas que sí eliges. Puedes hacer cambios cuando te toque tomar una decisión. Estos momentos se conocen como los puntos de elección y algunos de ellos son puntos Y.

Podría escribir todo un libro con este tema que me parece apasionante, pero por el momento sólo necesitas lo básico. En tu vida, suceden cosas que no eliges y que así son. Ésas las aceptas, evitas gastar tu energía haciendo corajes queriendo cambiarlas o lamentándote por lo que sucede. En cambio, hay cosas que enfrentas y que traen una opción, algo que necesitas elegir. Aquí es donde pones atención. Algunos de estos puntos de elección se convierten en puntos Y porque son decisiones que marcan tu vida.

Todos los días hay cientos de puntos de elección y de repente uno de esos puntos, que puede parecer muy pequeñito, un puntito insignificante, en realidad es un punto Y. ¡Sorpresa! Tu vida da un giro por esa decisión.

Estoy segura de que si haces memoria recordarás alguna pequeña decisión que hizo que tu vida girara en otra dirección.

Hay decisiones que sabes que son puntos Y. Por ejemplo, una carrera, mudarte de país, casarte, tener hijos. Ésas son decisiones grandes que implican cambios de vida. Pero hay muchas otras decisiones que parecen muy pequeñas como, por ejemplo, ir a una fiesta, ceder tu asiento en el avión y llegar unas horas después, acompañar a un amigo a realizar sus estudios médicos. Aparentemente son decisiones cotidianas, pero qué pasaría si en la fiesta conoces a alguien que marca tu vida (una pareja, el socio con el que crearás una empresa exitosa, etcétera), si el avión en el que ibas a ir se estrella, si al acompañar a tu amigo al médico descubren que tienes una lesión y por atenderte a tiempo te salvas. Éstos son puntos de elección que se convirtieron en puntos Y.

Cuando no aceptas tu destino o el de otra persona, estás enojado, triste o con miedo y bloqueas la sabiduría de tu sistema. Estás enfocado en cambiar lo que sucede, pero no tienes el poder para hacerlo. Tu atención está en luchar y, cuando llegan los puntos de elección, vas en dirección opuesta a lo que deseas, desaprovechando las oportunidades que se te presentan para reescribir el destino. Lo haces así porque las emociones que sientes nublan tu visión y no te dejan ver el camino correcto.

En cambio, si aceptas tu destino y el de los demás, enfrentas los puntos de elección desde un lugar centrado y tienes acceso a la sabiduría de tu sistema familiar. Utilizas tu poder de elegir con libertad y lo haces con la ayuda de tus ancestros.

Tus ancestros te acompañan, mantente alerta, centrado, relajado y feliz. Acepta lo que es y cada día será mejor. Has pagado el último precio de sanar y ahora tienes acceso a las soluciones más sabias.

Encuentra soluciones más sabias

¿Dónde se encuentran las soluciones más sabias? ¿En los ancestros? Los ancestros tienen muchas soluciones, pero las más sabias se encuentran en algo todavía mayor: la fuente de la vida. Cada quien tiene creencias diferentes al respecto, así que acomoda esta explicación a lo que tenga sentido con tu manera única de comprenderlo.

La fuente de la vida es el lugar desde donde sale la sustancia que todo lo anima. Si los seres humanos fueran agua, el manantial desde el cual todos brotan sería la fuente de la vida. En ella se encuentran las soluciones más sabias. ¿Y cómo le puedes hacer para llegar a la fuente de la vida? Cuando realizas este trabajo de sanación te conectas con la vida y fluyes con ella. Al sentir la vida, tomar vida, dar vida, eres uno con ella. Entonces tú y la fuente dejan de estar separados, son uno mismo. Suena muy poético y tal vez deseas una explicación más completa, pero esto sólo se aprende con la experiencia y con el tiempo lo entenderás. Tú haz tu pequeña parte y ¡las soluciones te encontrarán a ti!

Aplica el Método Magui Block® para pagar el precio de sanar y libérate

Has llegado a la última parte del libro. Tienes muchas razones para estar orgulloso de ti, sólo un grupo selecto de personas lo logra. ¡Te felicito! Los beneficios serán increíbles y los cosecharás en los próximos meses.

Con estas frases aterrizarás el trabajo realizado transformándote mágicamente. ¡Los resultados serán extraordinarios!

Adopta la postura física correcta, evoca el amor y repite la frase en voz alta.

La postura física correcta:

- Cuerpo erguido, imaginando que tu cabeza toca el cielo y tus pies están firmes en la tierra.
- Centrado y relajado, con tu corazón y tu mente cristalinos.
- Tus manos, una sobre la otra, en el ombligo, imaginando que se conectan con el espacio que está cerca de tu columna vertebral por dentro de tu cuerpo. (Si eres mujer, pon la palma de la mano derecha en tu ombligo y la palma de la mano izquierda sobre el dorso de la mano derecha. Si eres hombre, pon la mano izquierda en tu ombligo y la palma de la mano derecha sobre el dorso de la mano izquierda.)

Evoca el amor:

- Recuerda tus ganas de sanar y sonríe.
- Siente aprecio por ti mismo.
- Agradece el momento.

El poder de la palabra:

- Expresa en voz alta la frase.
- Escucha cómo lo dices y repítelo hasta que lo puedas decir con facilidad.

Ahora, en la postura correcta y evocando el amor, repite en voz alta con firmeza:

He pagado el precio de sanar.
He quemado las reglas de mi familia, las que me
  estorbaban para ser quien soy y hacer lo que me
  beneficia.

El precio de sanar

He transformado mis lealtades familiares para que me
    impulsen amorosamente hacia mis metas.
He creado mi reglamento personal con las reglas que me
    guían para alcanzar mi potencial.
Ahora pongo en práctica lo que he aprendido.
Asumo la culpa de ser diferente a mi familia.
Asumo la culpa de ser diferente a los otros sistemas a los
    que pertenezco.
He pagado el precio de sanar.
Pierdo la inocencia y crezco.
Asumo la culpa sistémica y se diluye rápidamente.
Cada vez soy más libre y más feliz.
Me libero de la culpa y vivo plenamente.
He pagado el precio de sanar.
Expreso mis emociones reales.
Acepto mi destino y lo reescribo.
Acepto el destino de cada quien y respeto su libre
    albedrío.
Utilizo el poder de mi elección con sabiduría.
He pagado el precio de sanar.
Mis ancestros me guían.
Me conecto con la fuente de la vida y las soluciones más
    sabias llegan a mí.
Acepto mi destino y lo reescribo.
Acepto el destino de cada quien y respeto su libre
    albedrío.
Utilizo el poder de mi elección con sabiduría.
He pagado el precio de sanar.
Mis ancestros me guían.
Me conecto con la fuente de la vida.

Sana tu familia

Las soluciones más sabias llegan a mí.
Mi familia ha sanado.
Mi familia ha sanado.
Mi familia ha sanado.
Gracias.

¡Y tú y todos tus ancestros celebran gozosos!

Glosario

AMOR CIEGO. Es el sentimiento que lleva a los miembros de un sistema (familia o grupo) a sacrificarse por otros. Este sacrificio puede darse de muchas formas, por ejemplo, repitiendo una historia trágica, cargando una enfermedad, accidentándose, renunciando a sus sueños para satisfacer los de alguien más, etcétera.

AMOR SABIO. Es el sentimiento más elevado que hay. Te ayuda a transformar patrones familiares y a sentir un profundo respeto por el destino de cada miembro de tu sistema (familia o grupo). Cuando lo sientes, dejas de sacrificarte y encuentras las soluciones más sabias.

CONSTELACIONES FAMILIARES. Es un tipo de psicoterapia sistémica familiar desarrollada por Bert Hellinger, quien dice que el ochenta por ciento de los problemas que afectan a una persona vienen de los sistemas familiares. Las Constelaciones Familiares sacan a la luz las dinámicas que causan el sufrimiento y, si se da en las circunstancias apropiadas, las corrige en el mismo momento.

EMDR. Hay un movimiento ocular natural que ocurre cada noche durante el sueño y te ayuda a digerir e integrar lo que viviste durante el día. Cuando ocurren eventos traumáticos, este movimiento es insuficiente y quedan asuntos sin resolverse.

Al mover los ojos de manera consciente con la intención de procesar lo que quedó pendiente puedes ayudar a recuperar lo que hace falta. Ésta es una técnica de psicoterapia muy efectiva que creó Francine Shapiro.

HERENCIA FAMILIAR INVISIBLE. Es todo lo que recibes de tu sistema familiar. Es la información que viene en el óvulo de tu madre y en el esperma de tu padre. Incluye lo que recibes a nivel inconsciente de tu familia biológica. Esta información no es nada más lo que ocurrió en el pasado, es lo que sigue ocurriendo en el presente.

HONRAR. Respetar a una persona. Tratar a una persona con dignidad.

IMÁGENES INTERNAS. Representaciones mentales. Pueden mostrar la forma en la que se encuentra el sistema familiar y al ordenarlas transformas tu vida y te sanas.

PATRONES FAMILIARES. Los patrones familiares son pensamientos, sentimientos y conductas repetitivas y automáticas que heredas de tu sistema familiar.

PERPETRADOR. Es la persona, fuerza o energía que daña otros. Este daño puede ser causado intencionalmente o sin querer. El daño puede ser físico, material, moral o psicológico. Son perpetradores las personas que roban, atacan, cometen delitos, agreden, participan en actos terroristas, matan, en un accidente dañan a otros, etcétera.

SISTEMA. Es un grupo de personas unido por ciertas creencias y reglas. Un grupo puede ser una familia, los miembros de un club, las personas que viven en un país, los miembros de una religión, una organización social, las personas que trabajan en una empresa, etcétera. Cada sistema tiene una herencia familiar invisible, la que une a todos sus miembros.

Sistema familiar. Es el conjunto de personas vivas o muertas que comparten la herencia familiar invisible.

Técnica de Acupresión Tapas (tat®). Ejercicio creado por la acupunturista Tapas Fleming para resolver problemas alérgicos y emocionales. Es una técnica fácil de aplicar y el manual se descarga gratuitamente en la página www.tatlife.com.

Técnica de Liberación Emocional (eft). Ejercicio que combina elementos de la psicología y de la acupuntura. Se trata de una técnica de *tapping*, o golpeteo, en la que se estimula el sistema energético humano para producir equilibrio emocional. Consiste en ir golpeteando suavemente con la yema de los dedos algunos puntos de meridianos unas cinco o siete veces mientras haces un "blanco". Un blanco es pensar y/o decir en voz alta lo que se desea disolver o integrar. Este ejercicio es muy efectivo cuando el blanco es atinado.

Tirones sistémicos. Son las sensaciones y percepciones que hacen que hagas cosas sin darte cuenta, por amor ciego, sacrificándote y repitiendo historias de los miembros de tu sistema. Son como las corrientes del mar, tiran de ti en una dirección a la que no deseas ir, a veces con demasiada fuerza.

Tomar. Aceptar al otro tal como es, sin condiciones. Abrirse y recibir todo lo que del otro te llega.

Víctima. Es quien sufre un daño provocado por una o varias personas, o por una fuerza mayor, como los desastres naturales o las guerras. Una víctima no sólo se siente sin poder, sino que realmente no lo tiene. La víctima se siente en pánico, rebasada por las circunstancias y depende totalmente de la ayuda que le brinda alguien más. Son víctimas las personas que sufren negligencias médicas, robos, secuestros, asesinatos, violaciones, ataques, accidentes, terrorismo, guerras y aquéllos que tienen pérdidas por desastres naturales.

Referencias bibliográficas

Hellinger, Bert. (2006). *Después del conflicto, la paz.* Argentina: Editorial Alma Lepik.

Hellinger, Bert. (2006). *Los órdenes de la ayuda.* Argentina: Editorial Alma Lepik.

Hellinger, Bert. (2002). *El centro se distingue por su levedad,* Conferencias e historias terapéuticas. España: Editorial Herder.

Hellinger, Bert. (2006). *La paz inicia en el alma.* México: Editorial Herder.

Hellinger, Bert. (2001). *Religión, Psicoterapia, Cura de almas,* Textos recopilados. España: Editorial Herder.

Hellinger, Bert. (2001). *Órdenes del Amor. Cursos seleccionados de Bert Hellinger.* España: Editorial Herder.

Hellinger, Bert y ten Hôvel, Gabriele. (2001). *Reconocer lo que es. Conversaciones sobre implicaciones y desenlaces logrados.* España: Editorial Herder.

Hellinger, Bert y Bolzmann, Tiju. (2003). *Imágenes que solucionan.* Taller de Constelaciones Familiares, trabajo terapéutico sistémico. Argentina: Editorial Alma Lepik.

Neuhauser, Johannes (editor). (2001). *Lograr el amor en la pareja. El trabajo de Bert Hellinger con parejas.* España: Editorial Herder.

Weber, Gunthard (editor). (2001). *Felicidad Dual. Bert Hellinger y su psicoterapia sistémica.* España: Editorial Herder.

Sobre la autora

Magui Block es Licenciada en Administración. Durante su trabajo como administradora y consultora, desarrolló un interés en entender a los seres humanos y sus dinámicas de relaciones interpersonales. Así fue como comenzó a trabajar con la psicoterapia hace más de 25 años, estudiando varias especialidades y finalmente creando su propio método para lograr resultados extraordinarios en muy poco tiempo. Actualmente, ofrece diplomados para la formación de facilitadores profesionales en el Método Magui Block®, además de ofrecer consultas, talleres de crecimiento y crear continuamente herramientas para la transformación a través del amor.

www.maguiblock.com

f **transformacióndelaconsciencia**

Sana tu familia de Magui Block
se terminó de imprimir en el mes de octubre de 2020
en los talleres de
Grafimex Impresores S.A. de C.V.
Av. de las Torres No. 256 Valle de San Lorenzo
Iztapalapa, C.P. 09970, CDMX, Tel:3004-4444